FLEURS

DES

CHANSONS

FRANÇAISES

Recueil des meilleures Romances, Ballades
Chansons, etc.

PARIS

FLEURS

DES CHANSONS

FRANÇAISES

FLEURS

DES

CHANSONS

FRANÇAISES

Recueil des meilleures Romances, Ballades
Chansons, etc.

PARIS

FLEURS

DES

CHANSONS FRANÇAISES

───•───

PÉTRARQUE ET LAURE.

Air connu.

Bords chéris où ma bergère
Se reposait autrefois,
Grotte fraîche et solitaire,
Écoutez encor ma voix.
C'est Pétrarque qui soupire
Sous vos ombrages charmants :
Écoutez les derniers chants
    Échappés de ma lyre.

C'est sous votre ombre fidèle,
Myrte de ce beau séjour,
Que ma gente damoiselle
Évitait les feux du jour.

1

Clair ruisseau, qui sur les rives
As vu naître mes ardeurs,
Vois tomber mes derniers pleurs
Dans tes ondes plaintives.

Au berceau qui m'environne
De ses contours amoureux,
Je détachai la couronne
Qui pare encor mes cheveux.
Berceau, sous ta voûte sombre,
Oui, Pétrarque veut mourir ;
Ah ! que son dernier soupir
S'exhale sous ton ombre.

LE BERCEAU.

ROMANCE.

Heureux enfant, que je t'envie
Ton innocence et ton bonheur !
Ah ! garde bien toute la vie
La paix qui règne dans ton cœur.

Tu dors ; mille songes volages,
Amis paisibles du sommeil,
Te peignent de douces images
Jusqu'au moment de ton réveil.

Ton œil s'ouvre ; tu vois ton père
Joyeux, accourir à grands pas ;
Il te porte au sein de ta mère :
Tous deux te bercent dans leurs bras.

Espoir naissant de ta famille,
Tu fais son destin d'un souris.
Que sur ton front la gaîté brille :
Tous les fronts sont épanouis.

Heureux enfant, que je t'envie
Ton innocence et ton bonheur !
Ah ! garde bien toute la vie
La paix qui règne dans ton cœur.

Tout plaît à ton âme ingénue :
Sans regrets comme sans désirs,
Chaque objet qui s'offre à ta vue,
T'apporte de nouveaux plaisirs.

Si quelquefois ton cœur soupire,
Tu n'as point de longues douleurs,
Et l'on voit ta bouche sourire,
A l'instant où coulent tes pleurs.

Par le charme de la faiblesse,
Tu nous attaches à ta loi,
Et jusqu'à la froide vieillesse,
Tout s'attendrit autour de toi.

Heureux enfant, que je t'envie
Ton innocence et ton bonheur !
Ah ! garde bien toute la vie
La paix qui règne dans ton cœur.

Mais hélas ! que d'un vol rapide,
Ils viennent ces jours orageux,
Où le sort, un dieu plus perfide,
Vont porter le trouble en tes jeux !

Moi, qui des goûts de la nature
Garde encor la simplicité,
Avec une âme douce et pure,
Quels soins ne m'ont pas agité !

Amitiés fausses ou légères,
Parents ravis à mon amour,
Mille espérances mensongères
Détruites, hélas ! sans retour.

Heureux enfant, que je t'envie
Ton innocence et ton bonheur !
Ah ! garde bien toute la vie
La paix qui règne dans ton cœur.

Si du sort l'aveugle caprice
Me garde quelque trait nouveau.
Je viendrai de son injustice
Me consoler à ton berceau.

Et tes caresses, et tes charmes,
Et ta douce sécurité
A mon cœur, sombre et plein de larmes,
Rendront quelque sérénité.

Que ne peut l'image touchante
Du seul âge heureux parmi nous !
Ce jour, peut-être, où je le chante,
De mes jours est-il le plus doux.

Heureux enfant que je t'envie
Ton innocence et ton bonheur !
Ah ! garde bien toute la vie
La paix qui règne dans ton cœur.

LE MALADE.

Air à faire.

Je me flattais que ta présence
Viendrait adoucir mes chagrins :
Mais de ta longue négligence
C'est vainement que je me plains.
Dans le sein d'une triste orgie
Coulent rapidement tes jours,
Et ta froide amitié m'oublie
Auprès de tes folles amours.

Non que, pour moi, je porte envie
A ton bonheur fallacieux ;
Non, je n'afflige point ma vie
De l'allégresse des heureux.
Va, mon ami, je te pardonne
Les plaisirs que tu prends sans moi,
Que le soleil qui m'abandonne
D'un jour plus beau luise pour toi.

Mon mal devenu sans remède,
Dès longtemps pèse à mes amis ;
En vain je demandai leur aide,
Dans l'affreux abime où je suis.
Je sollicitai leur tendresse :
De moi je les vis s'approcher,
Ils m'ont tous plaint, mais leur tendresse
N'a point osé m'en arracher.

Mais soudain quelle voix m'appelle ?
Quoi ! c'est la tienne, mon ami !

Des vives flammes qui m'ont lui
Je vois renaître une étincelle.
Le sentiment, ce doux trésor,
Me ranime de sa lumière,
Puisqu'un ami me reste encor,
Et que son amitié m'est chère.

ANAXIMANDRE.

Air connu.

Sous le beau nom d'Anaximandre,
Chez les Grecs un sage vivait ;
Chacun accourait pour l'entendre,
Athène en foule le suivait.
La profondeur et la justesse
Se rencontraient dans ses discours
Mais pour plaire à tous et toujours,
Il faut de la délicatesse.
L'esprit et le talent font bien ;
Mais sans les grâces ce n'est rien.

Sans succès près des Athéniennes,
Le sage s'en fut, nous dit-on,
Confier ses démarches vaines
Au grand philosophe Platon,
Qui faisait fléchir son génie,
Et malgré son profond savoir,
A souper, il brillait le soir,
Toujours de bonne compagnie.
L'esprit et les talents, etc.

Apprenez-moi, mon cher confrère,
Dit le sage disgracié,
Comment chez vous à l'art de plaire
Le génie est associé ;
Je veux me former sur vos traces,
Votre conseil sera ma loi.
Eh bien ! dit Platon, croyez-moi,
Mon cher, sacrifiez aux Grâces.

L'esprit et les talents, etc.

Dans une chapelle voisine
Anaximandre s'en alla ;
Aglaë, Thalie, Euphrosine
Sourirent en le voyant là.
Initié dans leurs mystères,
Il revient couronné de fleurs,
Et par des discours enchanteurs
Remplace ses leçons sévères.

L'esprit et les talents, etc.

La métamorphose soudaine
Du pédant fit l'homme du jour ;
Tous les gens aimables d'Athène
Vînrent l'accueillir tour-à-tour ;
Et quand il voyait sur ses traces
Quelque pédant de mauvais ton,
Il lui disait : Croyez Platon,
Mon cher, sacrifiez aux Grâces.

L'esprit et le talent font bien ;
Mais sans les grâces ce n'est rien.

L'IMMORTALITÉ.

Air à faire.

Oui, je le crois, au delà de la tombe,
L'âme s'élève ainsi qu'une colombe,
Vers le ciel bleu, vers cette immensité
Où règne Dieu de toute éternité.
Notre âme alors, sous la forme d'un ange,
Va s'enivrer d'un bonheur sans mélange,
Laissant la terre et sa coupe de fiel ;
Ceux qu'elle aimait elle les aime au ciel.

Oui, les plaisirs du céleste domaine
N'ont point de mot dans toute langue humaine,
L'âme en a soif et ne les conçoit pas,
Mais je les vois au delà du trépas.
De ce besoin que Dieu mit en notre âme
Le vague instinct et m'attire et m'enflamme,
Ce pur désir ne tient rien d'ici bas.
Il est d'ailleurs un terme à nos combats.

C'est une fête où Dieu même convie,
Le vrai bonheur, le vrai but de la vie ;
C'est le repos aux élans de l'esprit.
C'est un amour qui jamais ne tarit.
C'est là le port, où les âmes sans crainte
Viennent jouir d'une égalité sainte,
Et librement, à l'abri des pervers,
Rendre leur culte au Dieu de l'univers.

LA FATALITÉ.

Air connu.

J'avais fait un grand opéra,
Mes amis en disaient merveille :
Certain garçon s'en empara,
Et de mes plumes se para.
Un grand me promit à l'oreille
Un poste éminent, et déjà
J'allais obtenir le visa ;
Mon protecteur mourut la veille.

Pour servir j'étais enrôlé ;
Soudain la paix fut publiée.
A peine eus-je serré mon blé
Que tout mon grenier fut brûlé.
Croyant à la mine étudiée
D'une prétendue amitié,
Je dissipai l'autre moitié
De ma maison incendiée.

Pour me tirer de cet enfer,
Je m'expatriai par le coche,
Croyant gagner à changer d'air,
Mais je comptais sans Lucifer.
J'avais trois gros drames en poche ;
Le titre seul fit peur aux gens ;
Ce n'était plus le goût du temps :
On n'aimait plus la vieille roche.

1.

Je m'en allai dans les foyers
Présenter une œuvre tragique :
Nous l'accepterions volontiers,
Mon cher monsieur, si vous vouliez
En faire un opéra comique.
Je repliai mon manuscrit,
Lorsqu'un directeur peu poli
Me l'eut dit d'un ton laconique.

Sur mon luth qui semble proscrit
J'osai tenter un plus haut mode :
Pour un prince que l'on chérit,
Et qui de chacun est bénit,
Je m'avisai de faire une ode,
Qu'il ne lut pas. Quelqu'un me dit
Il a talents, bravoure, esprit,
Mais des vers il hait la méthode.

Lors j'osai tout haut m'écrier,
En grondant comme la tempête :
Oui, contre moi, dans tout métier,
Jeté par un méchant sorcier,
Le sort bande son arbalète ;
Ah ! je renonce à rimailler,
Si le ciel m'eût fait chapelier,
Il eût fait les hommes sans tête.

LE RENOUVEAU.

Le temps a laissé son manteau
De vent, de froidure et de pluye,
Et s'est vestu de broderie,
De soleil rayant cler et beau.
Il n'y a beste, ne oiseau,
Qu'en son jargon ne chante ou crye :
Le temps a laissé son manteau
De vent, de froidure et de pluye.

Rivière, fontaine et ruisseau
Portent en livrée jolye
Gouttes d'argent, d'orfaivrerye ;
Chacun s'habille de nouveau :
Le temps a laissé son manteau.

RONDEL.

Allez-vous-en, allez, allez,
Soucy, soin et mélancolie ;
Me cuidez-vous toute ma vie
Gouverner, comme fait avez ?

Je vous promets que non ferez ;
Raison aura sur vous maistrie.
Allez-vous-en, allez, allez,
Soucy, soin et mélancolie.

Si jamais plus vous revenez
Avecque votre compagnie,

Je prie à Dieu qu'il vous maudie
Et le jour que vous reviendrez :
Allez-vous-en, allez, allez,
Soucy, soin et mélancolie.

LE PARALYTIQUE.

Air : *Ne voilà t-il pas que j'aime.*

Pour moi vous croyez qu'il n'est plus
De plaisir dans la vie ?
Je trouve, moi, bien que perclus,
Mon sort digne d'envie.

De mes pieds et mains engourdis
Lorsque je perds l'usage,
D'un avant-goût du paradis
Je fais l'apprentissage.

N'avoir aucun sens en défaut
Me paraît bien commode ;
Car vous savez bien que là-haut
Tout change de méthode.

Nous laisserons en ces bas lieux
La dépouille mortelle
Et nous n'en jouirons que mieux
De la vie éternelle.

Dans ce jour délicieux
Des célestes merveilles,

Nous aurons des plaisirs sans yeux,
Sans mains et sans oreilles.

Aux plaisirs des sens renoncer
Ça vous paraît bien rude,
Et moi de savoir m'en passer
Je me fais l'habitude.

Mais un jour Dieu réunira
Notre corps à notre âme,
Et mes membres ranimera
De sa céleste flamme.

AVRIL.

Avril, l'honneur et des bois
Et des mois ;
Avril, la douce espérance
Des fruits qui, sous le coton
Du bouton,
Nourrissent leur jeune enfance ;

Avril, l'honneur des prez verts,
Jaunes, pers,
Qui, d'une humeur bigarrée,
Emaillent de mille fleurs
De couleurs
Leur parure diaprée ;

Avril, c'est la douce main
Qui, du sein
De la nature, desserre

Une moisson de senteurs
        Et de fleurs
Embausmant l'air et la terre.

Avril, la grace et les riz
        De Cypris,
Le flair et la douce haleine ;
Avril, le parfum des dieux,
        Qui des cieux
Sentent l'odeur de la plaine.

C'est toi, courtois et gentil,
        Qui d'exil
Retires ces passagères,
Ces arondelles qui vont
        Et qui sont
Du printemps les messagères.

L'aubépine et l'églantin,
        Et le thym,
L'œillet, le lis et les roses,
En ceste belle saison,
        A foison
Montrent leurs robes écloses.

Le gentil rossignolet,
        Doucelet,
Découpe dessous l'ombrage
Mille fredons babillards,
        Frétillards,
Au doux son de son ramage.

Mai vantera ses fraîcheurs,
        Ses fruits meurs,

Et sa féconde rosée,
La manne, le sucre doux,
Le miel roux
Dont sa grace est arrosée.

Mais moi, je donne ma voix
A ce mois
Qui prend le surnom de celle
Qui de l'escume de mer
Vit germer
Sa naissance maternelle.

ÇA NE SE DIT PAS.

Air : *Ça ne se peut pas.*

En tous lieux on dit qu'un faussaire
Mérite d'être confondu ;
Qu'à l'usurier, ce vil corsaire,
Quelque chose de mieux est dû.
On dit partout en vers, en prose.
Qu'il faut d'un coquin fuir les pas ;
Mais chez mons Pillard, et pour cause,
 Ça ne se dit pas.

Autour d'un opéra comique,
Dont son or paira le succès,
Mondor veut qu'on mette en musique
Des vers qui ne sont pas français.
— Mais cette phrase est trop choquante !

— Qu'importe ? on a prévu le cas.
Mon cher ami, *cela se chante,*
    Ça ne se dit pas.

A la muse la plus traitable,
En vain si j'ai fait un appel,
Dans ces couplets, chantés à table,
Si l'on trouve trop peu de sel,
Un seul point fait mon assurance,
Entre confrères délicats,
Lorsque parfois cela se pense,
    Ça ne se dit pas.

QUAND VIENDRA LE BEAU TEMPS ?

Air : *Du Vaudeville de la partie carrée.*

Le beau soleil s'est trompé de demeure.
Ou bien, là-haut son cours est dérouté.
Il vente, il pleut, le froid vient à toute heure,
    Et nous gelons en plein été.
Chaque saison est-elle intervertie ?
N'aurons-nous plus que des jours inconstants ?
Ou serons-nous dans les mois de la pluie
    Quand viendra le beau temps ?

Hélas ! chez nous l'horizon littéraire
Est de vapeurs également noirci ;
La poésie est à l'heure dernière.
    Personne n'en a plus souci.

Partout il pleut de sottes épigrammes ;
Il pleut des vers plus mauvais que méchants ;
Il pleut enfin des romans et des drames !
    Quand viendra le beau temps ?

Par son époux trop souvent mal menée,
A sa maman Lise disait un jour :
— Vous m'assuriez, maman, que l'hyménée
    N'était que l'été de l'amour ;
Mais je croyais qu'avec quelques orages,
L'été du moins avait des feux constants.
Jusqu'à présent je n'ai vu que nuages :
    Quand viendra le beau temps ?

Poursuis ton cours, impitoyable pluie !
L'orage ici ne peut nous étonner.
Quand nous chantons le dieu de la folie,
    On n'entendrait pas Dieu tonner.
S'il ne savait qu'un mauvais temps peut nuire,
A ce raisin si cher par ses présents,
Un franc buveur penserait-il à dire :
    Quand viendra le beau temps ?

LES CATACOMBES.

Air : *Eh ! ma mère, est-ce que je sais ça ?*

Malgré mon goût pour les tombes,
Ma promesse et mon loisir,
De vous suivre aux Catacombes
Je n'aurai pas le plaisir.
Auprès d'un breuvage fade,
Que je bois, non sans efforts,
Je suis vraiment trop malade
Pour descendre chez les morts.

Jamais dans l'obscure route
Peu faite aux refrains joyeux,
Les morts n'auront vu, sans doute,
Tant de bons vivants chez eux.
Conduisant, j'aime à le croire,
Bacchus même aux sombres bords,
A ma santé daignez boire,
En descendant chez les morts.

LA ROSE.

Air connu.

Voyez la rose,
Qui fraîche éclose,
Se cache encor
Dans la verdure,
Où la nature
Mit ce trésor.

Lors elle est belle,
Et le modèle
De la vertu.
Ah ! qu'elle reste
Simple et modeste,
Elle m'a plu.

Ambitieuse,
Mais moins heureuse,
Tu veux jouir
De notre hommage,
Tu veux, peu sage,
T'épanouir.

De tes pétales
Tu nous étales
Le vif éclat ;
Et ta corolle
A l'amour vole
Son incarnat.

Tu te fais gloire,
D'une victoire
Prompte à finir,
Le soir arrive,
Triste et plaintive
Tu vas jaunir.

Ainsi s'efface,
Pâlit et passe
Toute beauté,
Excepté celle
De l'éternelle
Divinité.

UN ANGE.

Air : *Du Barbier.*

Nommer un ange
Votre Philis,
C'est chose étrange,
Je vous le dis.
Réservez vos louanges
Pour d'autres appas.
Je me connais en anges,
Philis ne l'est pas.

Pour bonne mine,
Je le vois bien ;
Mais pour divine,
Il n'en est rien.
Réservez vos louanges
Pour qui vaut bien plus ;
Car pour être des anges,
Il faut des vertus.

LA FLEUR.

Fleur mourante et solitaire,
Qui fus l'honneur du vallon,
Tes débris jonchent la terre
Dispersés par l'Aquilon.

La même faux nous moissonne,
Nous cédons au même dieu :
Une feuille t'abandonne,
Un plaisir nous dit adieu.

Chaque jour le temps nous vole
Un goût, une passion ;
Et chaque instant qui s'envole
Emporte une illusion.

L'homme, perdant sa chimère
Se demande avec douleur
Quelle est la plus éphémère
De la vie ou de la fleur.

AU VAISSEAU DE VIRGILE.

Que les frères brillants d'Hélène,
Que la déesse de Paphos
Te guident sur l'humide plaine ;
Qu'Iapix, à la douce haleine,
Lui seul frémisse sur les flots.

Vaisseau qui dois à ma tendresse
Virgile à tes soins confié,
Entends les vœux que je t'adresse,
Transporte aux rives de la Grèce
De mon cœur la chère moitié.

Un triple bronze, un âpre chêne
Cuirassait ton sein courageux,
O toi ! dont la barque incertaine
S'ouvrit une route lointaine
A travers l'abime orageux.

Tu bravas d'un œil héroïque
L'Africus, l'Hyade et ses eaux,
Et le Notus, roi despotique,
Qui de la plaine Adriatique
Apaise ou courrouce les flots.

En vain contre toi tout conspire ;
Du Styx tu domptes les torrents,

Toi qui sous les rochers d'Épire,
Au fond du bouillonnant empire,
Vis nager les monstres errants.

En vain des dieux la loi puissante
Jette entre les peuples divers
Une barrière mugissante :
La voile désobéissante
Insulte à l'obstacle des mers.

Fils de Japet! ta main brûlante
Vole aux dieux le feu créateur.
La fièvre accourt, pâle et tremblante ;
La mort, boiteuse et chancelante,
Hâte son antique lenteur.

Sur une aile impie et fatale,
Dont le Ciel priva notre orgueil,
L'air étonné soutient Dédale ;
Et de la demeure infernale
Hercule ose tenter le seuil.

Notre démence téméraire
S'attaque au maître des humains,
Et les longs crimes de la terre
Ne permettent pas au tonnerre
De sommeiller entre ses mains.

LES ADIEUX.

Air connu.

Ainsi prêt à quitter ces lieux,
Damon, vous m'envoyez des roses.
En me présentant vos adieux,
Elles m'ont dit bien d'autres choses.

Dans leur passagère beauté,
Vous voulez que je considère
La faiblesse et la vanité
De tous les plaisirs de la terre.

Leurs épines peignent les maux
Cachés sous de funestes charmes :
Hélas ! dans nos jours les plus beaux,
Souvent nous répandons des larmes.

Toujours du moins une douleur
Accompagne une courte joie :
C'est le présage du malheur,
Quand l'allégresse se déploie.

Charmée à votre heureux retour,
Maintenant rêveuse et chagrine,
Je vous vois quitter ce séjour :
Voilà la rose avec l'épine.

Puissiez-vous bientôt réparer
L'ennui d'une absence trop prompte !
Ces moments qui vont tant durer,
Songez que l'amitié les compte.

LES ÉTONNEMENTS.

Air connu.

Que les mortels redoutent le trépas,
    Et que tout homme ait grande envie
    De jouir longtemps de la vie ;
    Cela ne me surprend pas.
Mais que chacun à l'abréger s'adonne,
    Et que pour en hâter le cours,
    Leur expérience ait recours
    Aux expédients les plus courts ;
    C'est là ce qui m'étonne.

Que ducs et pairs, seigneurs et magistrats,
    Trouvent souvent sur leur passage,
    Des gens qui leur rendent hommage ;
    Cela ne me surprend pas.
Mais qu'une cour tous les jours environne
    Un faquin qui, sur un brancard,
    Foule des coussins de brocard,
    Aux dépens du tiers et du quart ;
    C'est là ce qui m'étonne.

Que des objets qui sont nés délicats,
    Sans leur équipage et leur suite,
    Ne puissent faire une visite ;
    Cela ne me surprend pas.
Mais que Philis, qui longtemps fut piétonne,
    Ait des maux de cœur, des hoquets,
    Pour avoir été sans laquais,

Du vieux Louvre au quai Malaquais ;
C'est là ce qui m'étonne.

Qu'à s'ajuster du haut jusques en bas,
Iris, pour paraître jolie,
Passe les trois quarts de la vie ;
Cela ne me surprend pas.
Mais qu'un dandy tous les jours s'amidone,
Et qu'à pas comptés, ce poupin,
Sur la pointe de l'escarpin,
Marche toujours droit comme un pin ;
C'est là ce qui m'étonne.

Qu'au châtelet doyens et candidats,
Plument comme il faut une dupe,
Qui dans un procès les occupe ;
Cela ne me surprend pas.
Mais qu'en quittant cette troupe gloutonne,
Un plaideur aille, dans l'instant,
Chez un autre où l'on gruge autant,
De ses fonds porter le restant ;
C'est là ce qui m'étonne.

Que dans Alger on trouve des ingrats,
Et que chez le peuple tartare,
La reconnaissance soit rare ;
Cela ne me surprend pas.
Mais qu'à Paris, mainte et mainte personne
Qui vient vous demander lundi,
Un plaisir qu'on lui fait mardi,
N'y pense plus le mercredi ;
C'est là ce qui m'étonne.

L'ATOME.

Air : *Je ne sais pas écrire.*

Au dessus des dieux et du sort,
L'orgueil élève un esprit fort ;
   De loin c'est un fantôme.
Qu'un revers, un petit malheur,
Mette à l'épreuve ce grand cœur ;
   Ce n'est plus qu'un atome.

Qu'un jeune homme enfante un couplet,
L'amour propre aussitôt le fait
   Aussi grand qu'un fantôme.
B'entôt par un morceau plus fort,
Il ose prendre son essor :
   Ce n'est plus qu'un atome.

Un fanfaron fait le vaillant,
Quand il ne voit point d'assaillant ;
   De loin c'est un fantôme.
Mais quand il voit briller le fer,
Ce courage si grand se perd :
   Ce n'est plus qu'un atome.

Lorsque nous allons voir un grand,
Nous ne l'abordons qu'en tremblant ;
   Il nous semble un fantôme.
Sous le masque de la grandeur,
Quelquefois il est, par le cœur,
   Plus petit qu'un atome.

Un Achille superbe et vain
Se croit parmi le genre humain,
   Un géant, un fantôme.
L'intérêt ou l'amour agit,
Une minute travestit
   Le géant en atome.

LE TRIOMPHE DE NOS PAYSAGES.

Quoi ! de Tibur, de Lucrétile,
Horace a vanté les douceurs,
Et nous, dans un oubli stérile
Nous laissons nos bords enchanteurs !
Nous taisons ces frais Élysées,
Ces retraites favorisées
De Zéphyr, du calme et des eaux,
Où l'œil croit, loin des rives sombres,
Voir tout le peuple heureux des ombres
Errer encor sous des berceaux.

Est-ce l'art magique d'Armide
Qui te suspend à ces côteaux,
Toi qui fais d'un cours si rapide
Descendre l'ombrage et les eaux ?
Que des cascades bondissantes
Tombent en nappes blanchissantes
Et s'engouffrent dans ces bassins,
Tandis que l'écume élancée,
De l'onde par l'onde pressée,
Rejaillit au front des sapins !

Hébé, plus fraîche et moins ornée,
Plaît mieux que l'auguste Junon ;
Versailles, ta pompe étonnée
Cède aux grâces de Trianon.
Oui, tes fastueuses merveilles
Épuisèrent les doctes veilles
Des arts soumis à tes désirs :
Louis te combla de largesses ;
Tu me présentes des richesses,
Et mon cœur cherche des plaisirs.

Toi, qui m'inspires et m'appelles,
Tu ne seras pas oublié,
Beau lieu si cher à nos Apelles,
Plus cher encore à l'amitié !
Je ne vois plus ta robe humide
Blanchir un cylindre rapide
De la dépouille des guérets ;
Mais garde bien le nom champêtre
Que te donna ton premier maître,
Utile esclave de Cérès.

Laisse au faste qui se ruine,
Gâter la nature à grands frais,
De ta simplicité divine
Conserve les touchants attraits,
Ces vieux saules ridés par l'âge,
Ce pont caché sous le feuillage,
Ces bords aux contours ondoyants,
Où la Seine, embrassant les îles,
Se plaît sous les voûtes mobiles
De ses ombrages verdoyants.

Je voulais chanter sur ma lyre
Ermenonville et Chantilly ;
Mais le printemps vient de sourire
Dans les bocages de Marly.
Épris de ses grâces nouvelles,
Mon cœur y vole sur les ailes
Et de Zéphyr et de l'Amour.
Que j'aime ces légers portiques
Ombragés de ces bois antiques
Que respectent les feux du jour !

Vénus n'est plus dans Amathonte ;
Vénus habite ces jardins !
L'Olympe cèderait sans honte
Aux charmes de ces lieux divins.
Là, quand la paisible Diane,
Promenant son char diaphane,
De ses feux argente les airs,
Des Nymphes la troupe folâtre
Danse, et foule d'un pied d'albâtre
L'émeraude des tapis verts.

Toujours sur ces rives fleuries,
Les Grâces cueillent leurs bouquets ;
Toujours les tendres rêveries
Sont errantes dans ces bosquets.
Des fleurs l'haleine parfumée,
Le doux bruit de l'onde animée,
Tout rend ces bords délicieux ;
L'œil s'y plaît, et le cœur respire
Un calme enchanteur qui l'attire.
Muse, couronne ces beaux lieux !

A PHILOMÈLE.

Pourquoi, plaintive Philomèle,
Songer encore à vos malheurs,
Quand, pour apaiser vos douleurs,
Tout cherche à vous marquer son zèle !

L'univers, à votre retour,
Semble renaître pour vous plaire ;
Les Dryades à votre amour
Prêtent leur ombre solitaire.

Loin de vous l'Aquilon fougueux
Souffle sa piquante froidure ;
La terre reprend sa verdure ;
Le ciel brille des plus beaux feux.

Pour vous l'amante de Céphale
Enrichit Flore de ses pleurs,
Le Zéphyr cueille sur les fleurs
Les parfums que la terre exhale.

Pour entendre vos doux accents,
Les oiseaux cessent leur ramage,
Et le chasseur le plus sauvage
Respecte vos jours innocents.

Cependant votre âme attendrie.
Par un douloureux souvenir,
Des malheurs d'une sœur chérie
Semble toujours s'entretenir.

Hélas ! que mes tristes pensées
M'offrent des maux bien plus cuisants !
Vous pleurez des peines passées,
Je pleure des ennuis présents.

Et quand la nature attentive
Cherche à calmer vos déplaisirs,
Il faut même que je me prive
De la douceur de mes soupirs.

ROLAND.

Air : *de Méhul.*

Où vont tous ces preux chevaliers,
L'orgueil et l'espoir de la France ?...
C'est pour défendre nos foyers
Que leur main a repris la lance ;
Mais le plus brave, le plus fort,
C'est Roland, ce foudre de guerre ;
S'il combat, la faux de la mort
Suit les coups de son cimeterre.

Soldats français, chantons Roland,
L'honneur de la chevalerie,
Et répétons, en combattant,
Ces mots sacrés (*bis*) : Gloire et Patrie ! (*bis.*)

2

Déjà mille escadrons épars
Couvrent le pied de ces montagnes ;
Je vois leurs nombreux étendards
Briller sur les vertes campagnes.
Français, là sont vos ennemis :
Que pour eux seuls soient les alarmes ;
Qu'ils tremblent ; tous seront punis !...
Roland a demandé ses armes !
Soldats français, etc...

L'honneur est d'imiter Roland,
L'honneur est près de sa bannière ;
Suivez son panache éclatant,
Qui vous guide dans la carrière.
Marchez, partagez son destin ;
Des ennemis que fait le nombre !
Roland combat : ce mur d'airain
Va disparaître comme une ombre.
Soldats français, etc...

Combien sont-ils ? combien sont-ils ?
C'est le cri du soldat sans gloire ;
Le héros cherche les périls ;
Sans les périls, qu'est la victoire ?
Ayons tous, ô braves amis !
De Roland l'âme noble et fière :
Il ne comptait ses ennemis
Qu'étendus morts sur la poussière.
Soldats français, etc...

Mais j'entends le bruit de son cor
Qui résonne au loin dans la plaine...

Eh quoi ! Roland combat encor !
Il combat !... ô terreur soudaine !
J'ai vu tomber ce fier vainqueur,
Le sang a baigné son armure ;
Mais toujours fidèle à l'honneur,
Il dit, en montrant sa blessure :

Soldats français !... chantez Roland ;
Son destin est digne d'envie :
Heureux qui peut en combattant
Vaincre et mourir (*bis*) pour sa patrie ! (*bis*)

———

L'HIVER.

Air : *Traversons l'étroite vallée.*

Quand l'hiver, sur ce rivage,
Marchant de glaçons entourés
Va fondre en conquérant sauvage,
Oui, jeunes fleurs, vous périrez.
Alors, les ailes déployées,
En foule du sommet des cieux,
Sur les campagnes effrayées
Fondront les vents séditieux.

Alors, dépouillé de verdure,
Le front chauve, les bras pendants.
Le chêne blanchi de froidure,
Battu des aquilons grondants,
Avec un sombre et sourd murmure
Se penchera sur les torrents,

Et de toutes parts la nature
Frémira sur les noirs autans.

Comme une veuve échevelée,
Qui pleure un époux au cercueil,
La terre, d'un crêpe voilée
Couvrira sa beauté de deuil.
Adieu, gazons ; adieu, feuillages,
Berceaux riants et parfumés !
Il faudra céder aux outrages
Des frimats contre vous armés.

Mais la nuit n'est pas éternelle,
Ah ! ne craignez pas le tombeau :
Le printemps, votre ami fidèle,
Relèvera votre berceau.
Telles seront nos destinées :
Nous partagerons votre sort.
Par la voix de Dieu ranimées,
Nous triompherons de la mort.

A la voix de ce Dieu suprême,
Brillants d'amour et de beauté,
Le front paré d'un diadème,
Tressé pour l'immortalité,
Dans une ivresse heureuse et pure
Nous irons offrir notre encens,
Au créateur de la nature
Et nos hymnes reconnaissants.

LA NEIGE.

Air : *Dans la paix et l'innocence.*

Vous, dont la muse hardie
Me bat tous les vingt du mois,
Aujourd'hui je vous défie,
Tremblez enfin à ma voix !
Mais que vois-je ! au mot de neige
Déjà vous frissonnez tous...
Ventrebleu ! levez le siège,
Ou je vais fondre sur vous.

Ma neige, en bloc arrondie,
Sur vous tous pleuvra si bien,
Que votre main engourdie
De six mois n'écrira rien..
Ce combat à coup de neige
Peut m'être encor familier,
Puisqu'ici, comme au collège,
Je ne suis qu'un écolier.

La neige, à certain théâtre,
Joue un rôle intéressant :
Arbres, toits, tout est d'albâtre...
Quel coup d'œil éblouissant !
On y transit, on y gèle ;
Et, pour comble de succès,
Tout finit par une grêle...
Une grêle de sifflets.

Du sol brûlant d'Italie,
Des flots bouillonnants du Nil,
Les Français pour leur patrie
Ont affronté le péril.
Aux confins de la Norvége,
Suivez ces mêmes guerriers,
Sous leurs pas un champ de neige
Devient un champ de lauriers.

O toi, par qui la peinture
Voit son domaine agrandi,
Toi, Vanloo, de la nature
Et rival et favori,
Par ton heureux privilège
Nous voyons, peintre brillant,
Sous les glaces de ta neige
Briller le feu du talent.

Quoi! devant une bouteille,
Sur la neige six couplets!
Pardonne, ô dieu de la treille,
A l'affront que je te fais.
J'expirai ce sacrilége
En sablant un verre plein.
Fuyez, vils flocons de neige,
Devant ce flacon de vin!

CHANSON POUR L'ABBÉ BARTHÉLEMY

PAR MADAME DE STAEL.

Air : *Au soin que je prends de ma gloire.*

Dans les champs heureux de la Grèce
Vous qui savez me transporter,
Aux vains essais de ma jeunesse
Votre esprit doit-il s'arrêter ?
Est-elle à vos yeux une excuse ?
Est-ce à vous de compter les ans ?
Tributaires de votre muse,
Tous les siècles vous sont présents.

Si vous avez de l'indulgence
Pour un sexe souvent flatté,
Craignez que Sapho ne s'offense
De ce mouvement de bonté.
Je ne sais si nous devons croire
Que son talent était parfait,
Mais j'aime à souscrire à sa gloire
Quand vous couronnez son portrait.

A vous chanter chacun s'empresse,
Dans des vers qu'on fait de son mieux :
Louer le peintre de la Grèce
Me semble trop audacieux.
De cette Athènes qu'on révère
Vous seul avez su rapporter
La lyre d'or du vieil Homère ;
Donnez-la-moi pour vous chanter.

CHANSON ADRESSÉE AU VENT

PAR UN VANNEUR DE BLÉ.

A vous, troupe légère,
Qui d'aisle passagère
Par le monde volez,
Et d'un sifflant murmure
L'ombrageuse verdure
Doucement esbranlez.

J'offre ces violettes,
Ces lys et ces fleurettes,
Et ces roses ici,
Ces merveillettes roses
Tout fraîchement escloses,
Et ces œillets aussi.

De vostre douce haleine
Esvantez cette pleine,
Esvantez ce séjour,
Cependant que j'ahane
A mon blé que je vanne
A la chaleur du jour.

LE PONT DE LA VEUVE.

ROMANCE.

De la mère la plus tendre
Je vais chanter les malheurs :
Bons fils, venez sur sa cendre
Répandre avec moi des pleurs.
Vous qui toujours en alarmes,
Vivez pour vos seuls enfants,
Bonnes mères, que vos larmes
Se mêlent à mes accents.

Au royaume de Valence,
Une veuve avait un fils :
Amour, bonheur, espérance
Sur lui s'étaient réunis.
Jeune, riche, aimable et belle,
A l'hymen se refusant,
Peut-on aimer, disait-elle,
Un autre que son enfant ?

2.

Un beau tournoi dans Valence
Attirait maint chevalier :
L'enfant meurt d'impatience
D'y montrer son beau coursier.
Sa mère y consent, et pleure,
Et lui dit en l'embrassant :
Si tu ne veux que je meure,
Ne sois pas trois jours absent.

L'enfant part avec sa suite ;
Bientôt il trouve un torrent ;
Son coursier l'y précipite ;
Les flots emportent l'enfant :
Pour le ramener à terre,
Efforts et secours sont vains.
Ah ! trop malheureuse mère !
C'est toi surtout que je plains.

Un saint pasteur va chez elle
Pour l'instruire de son sort ;
A cette âme maternelle
Il donne le coup de mort :
Elle demeure accablée,
Par l'excès de ses douleurs ;
Sa vue est fixe et troublée,
Et ses yeux n'ont point de pleurs.

Sans proférer une plainte,
Renfermant tout dans son cœur,
Enfin d'une voix éteinte
Elle dit au saint pasteur :
J'irai bientôt, je l'espère,
Près de ces funestes eaux :

Vous m'y conduirez, mon père ;
J'y trouverai le repos.

Là que ma fortune entière
D'un pont devienne le prix,
A l'endroit de la rivière
Où j'ai perdu mon cher fils ;
Et qu'au moins dans ma misère,
Ce pont trop tard élevé,
Préserve toute autre mère,
Du malheur que j'éprouvai.

Je veux qu'on porte ma bière
Parmi ces tristes roseaux,
Qu'on la couvre d'une pierre
Où l'on gravera ces mots :
« Dans cette demeure affreuse
« De mon corps sont les débris ;
« Mais mon âme plus heureuse,
« Mon âme est avec mon fils. »

Elle dit et tombe morte.
On suivit sa volonté :
Près du torrent on la porte ;
Un pont s'élève à côté.
Ce pont non loin de Valence,
Se fait encore admirer.
On le traverse en silence,
Et jamais sans y pleurer.

CHIMÈNE ET LE CID.

Air connu.

Le Cid après son hyménée
Pour les combats veut repartir :
Sa Chimène en est consternée,
Mais n'ose pas le retenir.
Elle garde un profond silence,
Fixe sur lui des yeux en pleurs,
Et tout-à coup sa voix commence
Ce chant d'amour et de douleurs.

Ah ! qu'une chaîne glorieuse
Nous prépare de cruels maux !
La villageoise est plus heureuse ;
Son époux n'est point un héros :
Si pour aller au labourage,
Cet époux la quitte au matin,
Au moins le soir, après l'ouvrage,
Il revient dormir dans son sein.

Paisiblement elle sommeille,
Sans voir en songe des combats :
Si quelque chose la réveille,
C'est l'enfant qu'elle a dans les bras.
Elle lui donne sa mamelle,
Le baise, et s'endort doucement ;
L'univers se borne pour elle
A son époux et son enfant.

Chaque dimanche elle s'habille,
Et prend ses beaux ajustements
Douce gaîté dans ses yeux brille,
Et lui donne l'air de quinze ans.
Vers l'église elle s'achemine,
Pressant son fils contre son cœur;
Elle rencontre sa voisine,
Et lui parle de son bonheur.

Sur le pommeau de son épée
Le Cid appuyé tristement,
De ces accens l'ame frappée,
Répond à Chimène en pleurant :
Va, rassure-toi, ma Chimène,
Nos deux cœurs ont même désir;
Peu d'instants finiront ta peine :
Je vais voir, vaincre et revenir.

L'ATELIER DU PEINTRE

OU LE PORTRAIT MANQUÉ.

Air : *De la Catacoua.*

Jaloux de donner à ma belle
Un duplicata de mes traits,
Je demande quel est l'Apelle
Le plus connu par ses portraits:
C'est, me répond l'ami Dorlange,
Un artiste nommé Mathieu.
Il prend fort peu...
Mais ventrebleu !
Quel coloris, quelle grâce, quel feu !
Il vous attrape comme un ange,
Et loge près de l'Hôtel-Dieu.

Vite je cours chez mon Apelle,
J'arrive et ne sais où j'en suis ;
Son escalier est une échelle,
Et sa rampe une corde à puits.
Un chantre est au premier étage,
Au second loge un chaudronnier,
  Puis un gaînier,
  Un rubanier,
Puis au cinquième un garçon cordonnier...
Je reprends haleine et courage,
Et j'arrive enfin au grenier.

J'entre, et d'abord sous une chaise
Je vois le buste de Platon ;
Sur un Hercule de Farnèse
S'élève un bonnet de coton ;
Un briquet est dans une mule,
Dans un verre un peigne édenté ;
  Un bas crotté
  Sur un pâté,
Un pot à l'eau sous une Volupté,
L'Amour près d'un tison qui brûle,
Et la Frileuse à son côté.

Le portrait d'un acteur tragique
Est vis-à-vis d'un mannequin ;
Je vois sur la Vénus pudique
Une culotte de nankin ;
Une tête de Diogène
A pour pendant un potiron ;
  Près d'Apollon
  Est un poêlon ;

Psyché sourit à l'ombre d'un chaudron,
Et les restes d'une romaine
Sont sous l'œil du cruel Néron.

Devant une vitre brisée
S'agite un morceau de miroir,
Et sous la barbe de Thésée
Est une lame de rasoir ;
Sous un Plutus une Lucrèce ;
Sur un tableau récemment peint
Je vois un pain,
Un escarpin,
Une Vénus sur un lit de sapin,
Et la Diane chasseresse
Derrière une peau de lapin.

Seul, j'admirais ce beau désordre,
Quand un homme, armé d'un bâton,
Entre, et m'annonce que par ordre
Il va me conduire en prison.
Je résiste... Il me parle en maître,
Je lui lance un Caracalla,
Un Attila,
Un Scévola,
Un Alexandre, un Socrate, un Sylla,
Et j'écrase le nez du traître
Sous le poids d'un Caligula.

A ses cris, au fracas des bosses,
Je vois vers moi de l'escalier
S'élancer vingt bêtes féroces,
Vrais visages de créancier.

Sur ma tête, assiettes, bouteilles,
Pleuvent au gré de leur fureur ;
　　Et le traiteur,
　　Le blanchisseur,
Le perruquier, le bottier, le tailleur,
Font payer à mes deux oreilles
Le nez de leur ambassadeur.

Au lieu d'emporter mon image,
Comme je l'avais espéré,
Je sors n'emportant qu'un visage
Pâle, meurtri, défiguré.
O vous ! sensibles créatures,
Aux traits bien fins, bien réguliers,
　　Des noirs huissiers,
　　Des hauts greniers,
Evitez bien les périls meurtriers,
Et que Dieu garde vos figures.
Des peintres et des créanciers.

LE CID.

Air : *Bien tendre amour.*

Prêt à partir pour la rive africaine,
Le Cid, armé, tout brillant de valeur,
Sur la guitare, aux pieds de sa Chimène,
Chantait ces vers que lui dictait l'honneur.

Chimène a dit: « Va combattre le Maure ;
« De ce combat surtout reviens vainqueur.
« Oui, je croirai que Rodrigue m'adore,
« S'il fait céder son amour à l'honneur. »

Donnez, donnez et mon casque et ma lance ;
Je prouverai que Rodrigue a du cœur :
Dans les combats signalant sa vaillance,
Son cri sera pour sa dame et l'honneur.

Maure vanté par ta galanterie,
De tes accents mon noble champ vainqueur
D'Espagne un jour deviendra la folie,
Car il peindra l'amour avec l'honneur.

Dans les vallons de notre Andalousie,
Les vieux chrétiens chanteront ma valeur ;
Il préféra, diront-ils, à la vie
Son Dieu, son roi, sa Chimène et l'honneur.

RICHARD COEUR-DE-LION.

Musique de Grétry.

O Richard ! ô mon roi !
L'univers t'abandonne ;
Sur la terre il n'est donc que moi
Qui s'intéresse à ta personne.

Moi seul, dans l'univers,
Voudrais briser tes fers,
Et tout le monde t'abandonne.
O Richard ! ô mon roi !
L'univers t'abandonne ;
Sur la terre il n'est que moi   (*bis.*)
Qui s'intéresse à ta personne.

Et sa noble amie, hélas ! son cœur
Doit être navré de dou'eur ;
Oui, son cœur est navré de douleur.
Monarque, cherchez des amis,

Non sous les lauriers de la gloire,
Mais sous les myrtes favoris
Qu'offrent les filles de Mémoire.
Un troubadour
Est tout amour,
Fidélité, constance,
Et sans espoir de récompense.

O Richard ! ô mon roi !
L'univers t'abandonne ;
Sur la terre il n'est donc que moi (*bis.*)
Qui s'intéresse à ta personne.
O Richard ! ô mon roi !
L'univers t'abandonne ;
Sur la terre il n'est que moi,
Oui, c'est Blondel ! il n'est que moi (*bis*)
Qui s'intéresse à ta personne ;
N'est-il que moi   (*bis.*)
Qui s'intéresse à ta personne ?

BÉLISAIRE.

Air : *de Garat.*

Un jeune enfant, un casque en main,
Allait quêtant pour l'indigence
D'un vieillard aveugle et sans pain,
Fameux dans Rome et dans Bysance ;
Il disait à chaque passant
Touché de sa noble misère :
Donnez une obole à l'enfant
Qui sert le pauvre Bélisaire.

Je tiens le casque du guerrier
Effroi du Goth et du Vandale;
Il fut, dit-on, sans bouclier
Contre l'imposture fatale.
Un tyran fit brûler ses yeux,
Qui veillaient sur toute la terre;
La nuit voile à jamais les cieux
Au triste et pauvre Bélisaire.

L'infortuné pour qui ma voix
S'élève seule et vous supplie,
Après son char traîna les rois
De l'Afrique et de l'Italie.
On sait que, même en triomphant,
Il n'eut point d'orgueil téméraire :
Quand je le nomme, il me défend
De dire le grand Bélisaire.

Privé du plaisir des regards,
Le héros, qui rêve sa gloire,
Du monde et de tous ses hasards
Voit le spectacle en sa mémoire.
Son jeune guide apprend de lui
Que la fortune est mensongère,
Et s'étonne d'être l'appui
Que Dieu laisse au grand Bélisaire.

LE TOMBEAU DE CAROLINE;

Ou Regrets d'une Mère, sur la Mort de sa Fille.

ROMANCE.

Rendez-la moi, cette fille chérie,
Que chaque jour appellent mes soupirs,
Vous qui voulez calmer mes déplaisirs,
Et que mon cœur se rattache à la vie ;
     Rendez-la-moi.

Qui n'eût aimé de sa grâce enfantine
L'attrait si doux, si piquant à la fois,
Son regard fin, le charme de sa voix ?
On se disait en voyant Caroline :
     Qui n'eût aimé ?

A son matin, et sous l'œil d'une mère,
Elle croissait comme une tendre fleur ;
Elle en avait l'éclat et la fraîcheur ;
Elle a péri, la rose printannière,
     A son matin.

Adieu, bonheur ; comme une ombre légère ;
A mes regards tu t'es évanoui ;
De ton erreur un moment j'ai joui :
Las ! j'y croyais ; mais je ne suis plus mère ;
     Adieu, bonheur.

Plus de repos dans mon ame oppressée.
Qui tarira la source de mes pleurs ?
Un deuil profond, d'éternelles douleurs
Attristeront sans cesse ma pensée :
  Plus de repos.

Il faut mourir, lorsque l'âme flétrie
Cède aux tourments d'un souvenir affreux :
C'est le seul bien qui reste aux malheureux ;
J'ai tout perdu, ma fille, mon amie.
  Je veux mourir.

LES ILES D'HYÈRES.

Air : *Il pleut, il pleut, bergère.*

Sur les bords de la Seine,
Tu souffles dans tes doigts,
Tandis qu'en cette plaine,
Dans le plus froid des mois,
Sur ces charmants rivages,
Sous ce ciel enchanté,
J'oublie en vérité
Vos brouillards, vos orages.

Loin de vos cheminées,
Mes pieds foulent ici
Des mousses parfumées,
Et pour fuir du midi

Les vapeurs enflammées,
Sans peine et sans souci,
Je me sauve à l'abri
Des forêts embaumées.

Sous des plantes grimpantes
J'écoute des ruisseaux
Les ondes murmurantes
Et le chant des oiseaux.
Et dans ma rêverie
J'entrevois le beau jour
Où reviendra le tour.
De l'amitié chérie.

L'ART DE LA VIE.

Air : *Tout cela m'est indifférent.*

Celui qui trompe est un fripon ;
Celui qu'on trompe est un oison :
Tàchons de n'avoir point affaire
A tout Grec et maître Gonin.
N'être point dupe, et n'en point faire,
C'est à quoi vise un esprit sain.

Fuir la gloire et l'ambition ;
Se plaire en sa condition ;
Jamais envain ne se repaître ;
D'aucun espoir n'être bercé ;
Rendre content, et toujours l'être ;
C'est le parti le plus sensé.

Rien n'est pire que le chagrin :
Dans notre ame il porte un venin
Qui nous fait à pas lents descendre
Dans les ténèbres du tombeau.
N'en point donner, et n'en point prendre ;
C'est là le destin le plus beau.

Les termes durs et les gros mots
Ont souvent causé de grands maux ;
Dans les cours ils savent produire
Des haines qu'on n'éteint jamais.
N'en point entendre et n'en point dire,
C'est à quoi tendent mes souhaits.

Des procès l'usage fatal
Mène tout droit à l'hôpital.
Nous perdons par leur ministère,
Nos biens, notre temps, nos amis.
N'en point avoir et n'en point faire,
C'est le meilleur à mon avis.

LA CHAISE ET LE FAUTEUIL.

Air : *Un matin que Gros-René.*

Membres chers à l'Institut,
  Ma soif qui s'apaise
N'ordonne plus que mon luth
  Devant vous se taise,
Et je vais chanter l'accueil
Qu'aujourd'hui votre fauteuil
  A fait à ma chaise.

Messieurs, croyez que s'il est
  Un jour qui me plaise,
Ah ! c'est bien le deux juillet
  De dix-huit cent treize,
Puisque vous me permettez
De m'asséoir à vos côtés
  Sur mon humble chaise.

Fils de Pline et Massillon
 Et de Pascal (Blaise),
De Molière, Crébillon,
 Et de Pergolèse,
Je suis tout gonflé d'orgueil
De voir à votre fauteuil
 Se frotter ma chaise.

Pourquoi tant d'honneur à moi,
 Qui, par parenthèse,
Près de vous ne suis, ma foi,
 Qu'un niais de Falaise ;
Et qui, craignant d'approcher,
M'assieds sans oser toucher
 Le bord de ma chaise.

Je n'ai d'aucunes façons
 Soutenu la thèse ;
Je n'ai fait que des chansons,
 Dont mainte mauvaise ;
Je ne tiens pas de bureau,
Et ne connais pour barreau
 Que ceux de ma chaise.

Et cependant vous m'offrez
 Gigot à la braise,
Perdrix, filets, pois sucrés,
 Pomme, poire, fraise ;
Et quand vous m'ouvrez vos bras,
En fauteuil n'est-ce donc pas
 Transformer ma chaise ?

Mais, par malheur, tour à tour,
   La chaire française
Voit l'un de vous partir pour
   L'ardente fournaise.
Car l'infernal souverain
Ne connaît, quand il a faim,
   Ni fauteuil ni chaise.

Qu'a donc, Messieurs, le cercueil
   Qui si fort vous plaise !
Chaque jour un nouveau deuil
   Sur notre âme pèse.
Sauvez ces pleurs à notre œil,
Ou bien cédez le fauteuil
   Au père La Chaise.

RETOUR A LA SAGESSE.

Air connu.

Profanes nymphes du Permesse,
Je ne veux plus suivre vos pas.
Trop long temps vos trompeurs appas
Ont séduit ma folle jeunesse.
Plus j'approche du monument,
Plus je vois sans déguisement,
Combien vos faveurs sont à craindre ;
Mais la raison est un flambeau
Dont l'éclat n'est jamais si beau,
Que lorsqu'il est prêt à s'éteindre.

Tantôt sur un ton langoureux,
Vous avez ajusté ma lyre,
Dont souvent mon tendre délire
A tiré des sons dangereux.

Tantôt rival de Démosthène,
Tonnant pour le salut d'Athène,
J'ai vu sans effroi mes malheurs,
Et n'ai pas craint sous vos auspices,
De parcourir des précipices
Que vous m'aviez semés de fleurs.

Que de jours remplis d'amertume
M'attira le courroux du ciel,
Quand je laissai couler le fiel
Où vous aviez trempé ma plume !
N'aurais-je pas perdu le jour
Dans l'horreur d'un affreux séjour,
Voisin de l'empire des mânes,
Si mes vœux s'étaient reposés
Sur vos Hercules supposés,
Ou sur vos feintes Arianes.

J'adressais mes humbles regrets
Au Dieu qu'adore une princesse,
Dont on prise autant la sagesse
Qu'on est charmé de ses attraits.
Alors, agréable surprise !
L'airain de mes portes se brise ;
Ma fuite devance les vents ;
Et je vois la plaine liquide
M'ouvrir une route solide,
A travers deux remparts mouvants.

Compare, ô chantre de la Grèce,
A ces secours miraculeux
Ceux que ton héros fabuleux
Reçut d'une fausse déesse.
Quiconque a Dieu pour son appui,
Et ne met son espoir qu'en lui,
Brave les fureurs de l'envie ;

Parmi les pièges des méchants,
Au milieu des glaives tranchants,
Il ne tremble point pour sa vie.

Armé de si puissants recours,
J'ai rendu ma course célèbre,
Depuis le Pô, le Tage et l'Èbre,
Jusqu'où l'Amstel finit son cours.
De l'Apennin aux Pyrennées,
J'ai vu des têtes couronnées
Relever mon sort abattu.
Souvent les âmes généreuses
Donnent aux fautes courageuses
Les éloges de la vertu.

Sorti des terres étrangères,
Où j'ai vu dix ans s'écouler,
Qu'il m'est doux de ne plus sarcler
Que l'héritage de mes pères !
Je vis sous leurs antiques toits
Qu'aux superbes palais des rois
Préfère mon âme charmée ;
Où plus heureux et plus chrétien,
Mon cœur ne se plaint plus de rien,
Que d'un peu trop de renommée.
C'est dans cet asyle assuré,
Que souvent mes erreurs passées
Se sont en foule retracées,
A mon esprit plus épuré.
C'est là que ma lyre profane
D'un roi que Dieu prit pour organe,
Préférant les sacrés accords,
J'ai cru que par de saintes rimes,
Je devais réparer les crimes
De celles qui font mes remords.

CHACUN SON MÉTIER.

Air : *Des Chevilles de maître Adam.*

Chacun, hélas ! veut sortir de sa sphère,
Et c'est en vain qu'on voit se récrier
Sur un travers de nos jours trop vulgaire,
Maint philosophe ardent à publier
Ce vieux refrain de la sagesse austère :
Chacun ici doit faire son métier.

De mons Discord écoutez la musique,
Toujours en œuvre il met le timbalier.
Quel bruit il fait à l'Opéra-Comique !
Ah ! si Discord savait s'apprécier,
D'un chaudronnier il prendrait la boutique,
Chacun ici doit faire son métier.

A certain club consacrant sa semaine,
Monsieur Tranchier, fatigué de crier,
Dans un discours qu'il apprit, non sans peine,
Reste essoufflé. L'on dit au savetier :
— Allons, allons, reprenez votre haleine ;
Chacun ici doit faire son métier.

Monsieur Gobet, digne enfant de la Seine,
Cardeur fameux, gazette du quartier,
Jusqu'à Pékin tous les jours se promène,
Prend des états et bat le monde entier.
— Monsieur Gobet, battez donc votre laine,
Chacun ici doit faire son métier.

BERGERONNETTE.

Pauvre petit oiseau des champs,
Inconstante bergeronnette,
Qui voltiges, vive et coquette,
Et qui siffles tes jolis chants ;

Bergeronnette si gentille,
Qui tournes autour du troupeau,
Par les prés sautille, sautille,
Et mire-toi dans le ruisseau !

Va, dans tes gracieux caprices,
Becqueter la pointe des fleurs,
Ou poursuivre, aux pieds des génisses,
Les mouches aux vives couleurs.

Reprends tes jeux, bergeronnette,
Bergeronnette au vol léger ;
Nargue l'épervier qui te guette :
Je suis là pour te protéger.

Si haut qu'il soit, je puis l'abattre...
Petit oiseau, chante !... et demain,
Quand je marcherai, viens t'ébattre,
Près de moi, le long du chemin.

C'est ton doux chant qui me console ;
Je n'ai point d'autre ami que toi !
Bergeronnette, vole, vole,
Bergeronnette, devant moi !...

LE RETOUR.

Air : *T'en souviens-tu ?*

L'herbe des prés que vos pas ont foulée
Je la revois, amis, accourez tous ;
C'est votre ami, qui de notre vallée
N'avait jamais oublié l'air si doux ;
Quand vous faisiez votre moisson vermeille,
Il amassait ses lauriers, pour revoir
Son cher hameau, comme la jeune abeille
Sait revenir à la ruche le soir.

Je vais revoir mon troupeau chaque aurore
Brouter gaîment l'herbe le long des eaux ;
Pour le guider j'ai ma houlette encore,
Pour le charmer ma flûte de roseaux.
Lieux où passa mon enfance inconnue
Comme une fleur qu'épargnaient les autans,
Lac azuré qui réfléchis la nue,
Je vous revois tels qu'en mes premiers ans.

Mes vieux parents, votre image adorée
Me poursuivait sous les plis du drapeau.
Vous n'êtes plus ! Et mon âme éplorée
Revient gémir près de votre tombeau !
Vous me gardez ma place au cimetière ;
Voici la pierre, où retrouvant mon nom,
Le voyageur redira sa prière,
Ses deux genoux fléchis sur le gazon.

LA TABLE.

Air : *Je ne veux la mort de personne.*

En vrai gourmand, je veux ici
Chanter ce meuble nécessaire
Dont tous les mois l'attrait chéri
Double les nœuds et les resserre ;
Oui, quels que soient les traits mordants
Dont la critique nous accable
Au risque de ses coups de dents,
Je vais m'étendre sur la table.

Comment refuser son tribut
A cette mère universelle ?
Sans la table, point de salut,
Et nous n'existons que par elle :
L'alcôve où l'homme s'amollit
Lui peut-elle être comparable ?
Les pauvres mourants sont au lit,
Les bons vivants ne sont qu'à table.

Quel doux spectacle, quel plaisir
De voir ces sauces parfumées

3

Dont toujours, prompt à les saisir,
L'odorat pompe les fumées !
On rit, on chante, on mange, on boit.
De bonheur source intarissable !
Le cœur pourrait-il rester froid,
Quand il voit tout fumer à table !

Deux rivaux entendent sonner
L'instant qui menace leur vie,
A faire un dernier déjeûner
Un témoin sage les convie ;
Dans le vin tous deux par degrés
Éteignent leur haine implacable :
Ils seraient peut-être enterrés,
S'ils ne s'étaient pas mis à table.

Le gros Raymond voit chaque jour
Cent wiskis assiéger sa porte :
Il reçoit la ville et la cour ;
La Renommée aux cieux le porte.
« Il a donc de rares vertus ?
— Non. — A-t-il un rang remarquable,
Des talents, de l'esprit ? — Pas plus.
— Qu'a-t-il donc ? — Il a bonne table. »

A table, on compose, on écrit ;
A table, une affaire s'engage ;
A table, on joue, on gagne, on rit ;
A table, on fait un mariage ;
A table, on discute, on résout ;
A table, on aime, on est aimable ;
Puisqu'à table on peut faire tout,
Vivons donc sans quitter la table.

RONDE DE TABLE.

Air : *Pour étourdir le chagrin.*

Allons, mettons-nous en train,
Qu'on rie,
Et que la folie
D'un aussi joli festin
Vienne couronner la fin.

Si par quelques malins traits
Les convives se provoquent,
Ici ce ne sont jamais
Que les verres qui se choquent.
Allons, etc.

Le vin donne du talent
Et vaut, dit-on, une muse ;
Or donc, en me l'infusant,
J'aurai la science infuse.
Allons, etc.

Amis, c'est en préférant
La bouteille à la carafe,
Qu'on voit le plus ignorant
Devenir bon géographe.
Allons, etc.

Beaune, pays si vanté,
Chablis, Mâcon, Bordeaux, Grave...
Avec quelle volupté
Je vous parcours dans ma cave !
Allons, etc.

Champagne, ton nom flatteur
A bien plus d'attraits, je pense,
Sur la carte du traiteur
Que sur la carte de France.
Allons, etc.

A voir ainsi du pays,
On s'expose moins sans doute ;
Il vaut mieux, à mon avis
Verser à table qu'en route.
Allons, etc.

Je sais qu'une fois en train,
On est étendu par terre
Tout aussi bien par le vin
Que par un vélocifère.
Allons, etc.

Mais voyage qui voudra ;
A moins que l'on ne me chasse,
D'un an, tel que me voilà,
Je ne bougerai de place.
Allons, etc.

Ce lieu vaut seul, en effet,
Toute la machine ronde,
Et le tour de ce banquet
Est pour moi le tour du monde.

Allons, mettons-nous en train,
Qu'on rie,
Et que la folie
D'un aussi joli festin
Vienne couronner la fin.

LE DÉLIRE BACHIQUE.

Air : *Des Trembleurs.*

Mes amis, prêtez l'oreille.
Verse-moi, dieu de la treille,
Ta liqueur douce et vermeille :
Apollon, garde ton eau.
C'est le bon vin qui m'inspire ;
Il humecte mon délire :
Une bouteille est ma lyre,
Et mon Parnasse un tonneau.

Je ne connais qu'un grand homme,
Et c'est Noé qu'il se nomme :
A ce saint que mon cœur chôme
J'ai juré dévotion.
Noé, dont l'humeur bénigne
Nous enrichit de la vigne,
Bien mieux qu'un autre était digne
Du brevet d'invention.

La religion antique
Me semble assez poétique ;
Mais elle est trop aquatique,
Et c'est un triste tableau :
De Jouvence et d'Hippocrène
J'aime fort peu la fontaine ;
Je vois surtout avec peine
Tantale le bec dans l'eau.

Le Phlégéton redoutable
Et le Styx épouvantable
N'ont rien de fort délectable,
N'en déplaise à Jupiter ;
Dans sa rigueur incroyable
Le Destin impitoyable,
Pour qu'il soit plus effroyable,
A mis de l'eau dans l'enfer.

LE ROI DE LA FÈVE.

Air : *Mon père était pot.*

Roi de la fève et du hasard,
　　Sous ton sceptre bachique
Tout est bien, chacun à sa part
　　Du gâteau monarchique.
　　　Aimable pouvoir,
　　　On voudrait te voir
　　Un peu plus de durée,
　　　Règne du plaisir,
　　　Devrais-tu finir
　　Quand finit la soirée !

Pour maint despote aventureux
　　Le bonheur est un rêve ;
Je ne connais qu'un prince heureux,
　　C'est le roi de la fève ;

Il boit, et soudain
Dans son verre plein
Écume le champagne ;
Chacun de concert
L'applaudit, le sert,
C'est le roi de Cocagne.

Comme le bon roi d'Ivetot,
De joyeuse mémoire,
Le potentat du haricot
Du plaisir fait sa gloire ;
Son air familier
Nous laisse oublier
Qu'il porte un diadème ;
Ce roi citoyen,
Remarquez-le bien,
Est aimé pour lui-même.

Contre le seul jeûne parfois
Il est un peu sévère.
En buvant il dicte ses lois,
Et son sceptre est un verre.
D'ailleurs les tracas
Et les vains débats
N'émeuvent point sa bile ;
La paix est son fort,
Mais il n'a pas tort,
Car son sceptre est fragile.

Dans ce royaume passager,
Sur ce trône éphémère,

Auprès du prince aime à siéger
La liberté, sa mère.
Ce gouvernement
Est vraiment charmant,
J'aime sa politique ;
Un règne si bon
Mérite le nom
De quasi-république.

Les Grecs jadis et les Latins
(Je l'ai lu dans l'histoire)
Désignaient un roi des festins
Chargé de faire boire :
Le roi, parmi nous,
Plus heureux que tous,
Doit bien boire lui-même ;
A ce prix, ma foi,
J'aimerais du roi
L'autorité suprême.

CHANSON BACHIQUE.

Air : *Voulez-vous suivre un bon conseil.*

Du Pinde aimables nourrissons,
Vous travaillez pour la mémoire ;
Du dieu par qui nous la perdons,
Moi je veux célébrer la gloire.
N'en déplaise au dieu d'Hélicon,
De son eau je ne veux point boire ;
N'en déplaise au dieu d'Hélicon,
L'Hippocrène est dans mon flacon.

Pour plaire un enfant d'Apollon,
Doit accorder raison et rime ;
On plait sans rime et sans raison
Quand avec Bacchus on s'escrime.
N'en déplaise au dieu d'Hélicon, etc.

Des Titans en rébellion
Quand tous les dieux craignaient la rage,
Bacchus but et devint lion,
Bacchus seul montra du courage.
N'en déplaise au dieu des guerriers,
Pour se bien battre il faut bien boire ;
N'en déplaise au dieu des guerriers,
Le vin fait croître les lauriers.

De l'Inde le fier conquérant
D'un flacon armait ses phalanges ;
Et l'on eût dit en le voyant :
De l'Inde il a fait les vendanges.
N'en déplaise au dieu des guerriers, etc.

Je ris de ces sots parvenus
Qui pour leurs chevaux, leur maîtresse,
Prodiguent tous leurs revenus ;
Mon flacon, voilà ma richesse.
N'en déplaise au fils de Plutus,
On n'est riche que pour mieux boire :
N'en déplaise au fils de Plutus,
Pour boire l'on a des écus.

Cet Harpagon, riche indigent,
Toujours s'inquiète et se trouble :
Moi, quand je compte mon argent,
Plus heureux que lui j'y vois double.
N'en déplaise au fils de Plutus, etc.

Un axiôme accrédité
Place (est-il une erreur pareille !)
Au fond d'un puits la vérité :

Elle est au fond de la bouteille.
N'en déplaise même aux savants,
On sait tout lorsque l'on sait boire,
N'en déplaise même aux savants,
Boire est le premier des talents.

Le vin inspire les bons mots :
Souvent Bacchus, dans son délire,
A donné de l'esprit aux sots,
Et lui seul a monté ma lyre.
N'en déplaise même aux savants,
On sait tout lorsque l'on sait boire ;
N'en déplaise même aux savants,
Boire est le premier des talents.

CHANSON BACHIQUE.

Air : *Ainsi jadis un grand prophète.*

Puisque sans boire on ne peut vivre,
Célébrons ce nectar parfait ?
Mais permettez que je m'enivre,
Pour me remplir de mon sujet.
Étourdi du jus de la tonne,
Je puis ne dire rien de bon ;
Mais du moins si je déraisonne,
Ce ne sera pas sans raison.

D'Anacréon et d'Épicure
Suivons le précepte charmant :
Amis, tout boit dans la nature,
Les enfants boivent en naissant,
L'homme boit dans la maladie,
Il boit quand il est bien portant ;
De boire enfin telle est l'envie,
Que l'on boit même en se noyant.

On dit qu'on chancelle à trop boire,
Que la chute suit le faux pas ;
Mais on voit, vous pouvez m'en croire,
Tout le contraire en certain cas :
Car, lorsque le public écoute
Des pièces dont nous l'assommons,
Lui seul est bientôt soûl sans doute,
Et c'est pourtant nous qui tombons.

Juliet, que n'ai-je ton adresse
Pour représenter les buveurs ?
A nos yeux quand tu peins l'ivresse,
Tu la fais passer dans nos cœurs.
Dans ton délire, combien j'aime
Les heureux faux pas que tu fais !
Ah ! chancelle toujours de même,
Et tu ne tomberas jamais.

LA TREILLE DE SINCÉRITÉ.

Air : *nouveau.*

Nous n'avons plus cette merveille,
Ce phénomène regretté,
    La treille *(bis)*
  De sincérité.   *(bis)*

Cette treille miraculeuse,
Dont la vertu tient du roman,
Passa longtemps pour fabuleuse
Chez le Gascon et le Normand ; *(bis)*
Mais des garants très authentiques
Ont lu dans un savant bouquin,
Que son raisin, des plus antiques,
Existait sous le roi Pepin...
Nous avons, etc.

Un docteur qui faisait parade
De son infaillibilité,
Allant visiter un malade,
Vit le raisin, et fut tenté.
Puis, de son homme ouvrant la porte,
Et le trouvant sans pouls ni voix :
« C'est, dit-il, (le diable m'emporte)
Le trentième depuis un mois. »
Nous n'avons, etc.

LA TRAGÉDIE ET LA COMÉDIE.

Air : *Ce qui me console.*

Lucinde, en perdant son époux,
Pleure, et du sort maudit les coups ;
    Voilà la tragédie.
Trois jours après, elle a grand soin
De sangloter devant témoin ;
    Voilà la comédie.

Dans certains drames, quelquefois,
Les bourgeois s'expriment en rois,
    Voilà la tragédie.
On en voit d'autres où les rois
S'expriment comme des bourgeois ;
    Voilà la comédie.

Au bois, deux auteurs d'opéra
Vont pour savoir qui périra ;
    Voilà la tragédie.
Les rivaux, prompts à pardonner,
S'embrassent et vont déjeûner ;
    Voilà la comédie.

Pour un mélodrame bien noir,
Paris va s'étouffer ce soir ;
    Voilà la tragédie.

Un auteur sous son frais ombrage,
Lisant un poëme fort beau,
A chaque feuille de l'ouvrage,
S'humectait d'un raisin nouveau.
« Çà, lui dit-on, un tel poëme
Vous a coûté six mois et plus?
— Non, reprit-il à l'instant même...
Il m'a coûté cinquante écus. »
Nous n'avons, etc.

Sous la treille un petit Pompée
Criait aux badauds étonnés :
« Dans ma vie, ah ! quels coups d'épée,
Quels coups de sabre j'ai donnés !
Quels coups de fusil ! quels coups... » Zeste,
Il mord la grappe là-dessus,
Et poursuit d'un air plus modeste ;
« Quels coups de bâton j'ai reçus ! »
Nous n'avons, etc.

Mais, hélas ! par l'ordre du prince,
Ce raisin justement vanté,
Un jour du fond de sa province,
Près du trône fut transplanté.
Pauvre treille, autrefois si belle,
Que venais-tu faire à la cour ?
L'air en fut si malsain pour elle,
Qu'elle y mourut le premier jour.
Nous n'avons plus cette merveille,
Ce phénomène regretté
        La treille
    De sincérité.

De Molière un œuvre charmant
N'aura personne et cependant
  Voilà la comédie.

Mondor manqué, et, par contre-coup,
Vingt maisons manquent tout-à-coup ;
  Voilà la tragédie.
Mais, hélas ! ces infortunés
Donnent toujours de bons dînés ;
  Voilà la comédie.

Au chevet du mourant Orgon,
Sont trois médecins en renom ;
  Voilà la tragédie.
Verseuil, zélé collatéral,
Au pied du lit se trouve mal ;
  Voilà la comédie.

LA MÉTAMORPHOSE.

Air : *Ne voilà-t-il pas que j'aime.*

Je fus un grand agriculteur
    De vingt ans à cinquante ;
Aujourd'hui de cultivateur
    Je suis devenu plante.

Mais plante des lointains pays,
    Délicate, étrangère,
A qui l'on accorde à Paris
    Les honneurs de la serre.

Là, plus choyé que le jasmin,
    Que le lys et la rose,
De bouillon, de sucre et de vin,
    Tour-à-tour on m'arrose.

Si j'en crois mes deux jardiniers,
    Qui gâtent leur élève,

4

Des zéphirs les airs printaniers
Ranimeront ma sève.

Je n'oserais ajouter foi
A ce flatteur oracle,
Et je n'attends pas que pour moi
Le ciel fasse un miracle.

Pour les fleurs il n'est qu'un printemps,
J'ai passé mon automne
Un arbre dure plus longtemps
Mais enfin se consomme.

De mes rameaux secs faisons donc
Des fagots ou des planches ;
Car si je puis sauver le tronc
J'abandonne les branches.

———

LE NEC PLUS ULTRA DE GRÉGOIRE,

Air : *Joyeux enfant de la bouteille.*

En latin, en droit, en physique,
Je fus toujours un ignorant ;
Poésie, algèbre, musique
Tout me paraît de l'Alcoran ;
Fable, roman, histoire,
Sont pour moi du grimoire ;
Mais boire !
Voilà (*bis*)

Le *nec plus ultra*
Des talents de Grégoire.

Qu'un poëte de l'Athénée,
De ses éphémères travaux
Sur la clientèle abonnée
Aille répandre les pavots,
Son fatras oratoire
Assomme l'auditoire ;
Bien boire !
Voilà (*bis*)
Le *nec plus ultra*
De l'esprit de Grégoire,

Me trouver, en sortant de table,
Et sans soif et sans appétit ;
Voir ma cave si délectable
S'épuiser petit à petit ;
N'avoir dans mon armoire
Que la Seine ou la gloire
A boire...
Voilà (*bis*)
Le *nec plus ultra*
Des chagrins de Grégoire.

LES LOIS DE LA TABLE.

Air connu.

Point de gêne dans un repas.
Table fût-elle au mieux garnie,
Il faut, pour m'offrir des appas,
Que la contrainte en soit bannie.
Toutes les maisons où j'en voi,
    Sont des lieux que j'évite.
Amis, je veux être chez moi,
    Partout où l'on m'invite.

Fuyons un convive pressant
Dont les soins importuns nous choquent,
Et qui nous tue en nous versant
Des rasades qui nous suffoquent.
Je veux que chacun, sur ce fait,
    Soit libre sans réserve,
Qu'il soit son maître et son valet,
    Qu'à son goût il se serve.

Tout ce qui ne plaît qu'aux regards,
A l'utilité je l'immole :
D'un buffet chargé de cent marcs,
La montre me paraît frivole.
Je ris tout bas, lorsque je vois
    L'élégant édifice
D'un surtout qui pendant six mois,
    Rentre entier dans l'office.

Des mets joliment arrangés
Le compartiment méthodique,
Malgré les communs préjugés,
Me paraît sujet à critique.
A quoi cet optique est-il bon ?
   Dites-moi, je vous prie :
Sert-on pour les yeux, et doit-on
   Manger par symétrie ?

Se piquer d'être grand buveur,
Est un abus que je déplore :
Fuyons ce titre peu flatteur ;
C'est un honneur qui déshonore.
Quand on boit trop, on s'assoupit,
   Et l'on tombe en délire :
Buvons pour avoir de l'esprit,
   Et non pour le détruire.

Casser les verres et les pots,
C'est ingratitude et folie.
Quelquefois il est à propos
De boire aux attraits de Sylvie ;
Mais ne soyons point assez sots,
   Dans nos bouillans caprices,
Pour détruire et mettre en morceaux
   Ce qui fait nos délices.

Qu'aucun de nous, pour son talent
Ne se fasse jamais attendre ;
Que sa voix ou son instrument
Parle dès qu'on voudra l'entendre.

Mais qu'il cesse avant d'ennuyer.
　　O l'insupportable homme,
Qui, par son art, croit égayer
　　Des amis qu'il assomme !

Des rois les importants secrets
Doivent pour nous être un mystère.
Il faut, pour fuir de vains regrets,
Tout voir, tout entendre et se taire.
Respectons dans nos entretiens,
　　Ce que les Dieux ordonnent ;
Goûtons et méritons les biens
　　Que leurs bontés nous donnent.

Quand on devrait me censurer,
Je tiens, amis, pour véritable,
Que la raison doit mesurer
Les plaisirs même de la table.
Je veux, quand le fruit est servi,
　　Que chacun se réveille ;
Mais il faut un ordre, et voici
　　Celui que je conseille.

Dans les chansons point d'aboyeurs ;
Dans les transports point de tumulte ;
Dans les récits point de longueurs ;
Dans la critique point d'insulte ;
Vivacité sans jurement ;
　　Liberté sans licence ;
Dispute sans emportement ;
　　Bons mots sans médisance.

———————

CHANSON A BOIRE.

Guerrier, ton métier fait honneur ;
    Mais je n'en veux point être.
Le bruit du verre fait moins peur,
    Que celui du salpêtre ;
Et quand je décoiffe un flacon,
    Le liège qui pette,
Me fait entendre un plus beau son,
    Que tambour et trompette.

Toi, qui vas, pour me secourir,
    Crier à l'audience,
Avocat, veux-tu voir fleurir
    Ta bruyante éloquence ;
Qu'avec le bon jus du tonneau,
    Ta voix se réconforte :
Pour étourdir tout le barreau,
    Tu l'auras assez forte.

Si tu veux qu'un joyeux transport.
    Dans ton âme renaisse,
Financier, mets ce rouge-bord
    En dépôt dans ta caisse.
Tu pourras, après l'avoir bu,
    Dire en toute assurance,
Que de tes jours tu n'as reçu
    Meilleur droit de présence.

De ce jus tu sais la vertu ;
    Sa bonté t'est connue :

Philosophe, pourquoi veux-tu
    Porter plus loin la vue ?
Son goût charmant nous satisfait :
    Nous faut-il autre chose ?
Quand je suis content de l'effet,
    Que m'importe la cause ?

LE VERRE.

Air : *La bonne chose que le vin.*

Quand je vois des gens ici-bas
Sécher de chagrin ou d'envie,
Ces malheureux, dis-je tout bas,
N'ont donc jamais bu de leur vie !
On ne m'entendra pas crier
Peine, famine, ni misère,
Tant que j'aurai de quoi payer
Le vin que peut tenir mon verre.

Riche sans posséder un sou,
Rien n'excite ma jalousie ;
Je ris des mines du Pérou,
Je ris des trésors de l'Asie ;
Car sans sortir de mon taudis,
Grâce au bon vin que je révère,
Je vois et topaze et rubis
Abonder au fond de mon verre.

Tout nous atteste que le vin
De tous les maux est le remède,

Et les dieux n'ont pas fait en vain
Un échanson de Ganymède.
Je gage même que ces coups
Que l'homme attribue au tonnerre,
Sont moins l'effet de leur courroux
Que du choc bruyant de leur verre.

Chaque jour l'humide fléau
Des cieux ne rompt-il pas les digues?
Si les immortels aimaient l'eau,
Ils n'en seraient pas si prodigues;
Et quand nous voyons par torrent
La pluie inonder notre terre,
C'est qu'ils rejettent en jurant
L'eau que l'on verse dans leur verre.

Le bon vin rend l'homme meilleur,
Car du monarque assis à table
Vit-on jamais le bras vengeur
Signer la perte d'un coupable?
De son cœur le courroux banni
N'obscurcit plus son front sévère:
Armé du sceptre, il l'eût puni;
Il lui pardonne, armé du verre.

Je ne sais par quel vertigo
Ou quelle suffisance extrême,
Narcisse, en se mirant dans l'eau,
Devint amoureux de lui-même.
Moi, fort souvent je suis atteint
De cette risible chimère,
Mais c'est lorsque je vois mon teint
Pourpré par le reflet du verre.

MA PETITE REVUE.

Air : *Ah ! voilà la vie.*

De dame nature
Amant assidu,
J'ose en miniature,
Pour payer mon dû,
Vous tracer la vie,
  La vie
   Suivie, *(bis.)*
Vous tracer la vie
De chaque individu.

Dans un mélodrame,
Tuer sans fureur,
Larmoyer sans âme,
Brûler sans chaleur :
Voilà la manière
   De plaire, *(bis.)*
Dont, pour l'ordinaire,
Use plus d'un auteur.

Changer à son aise
Dièse en bémol,
Bécarre en dièse,
Fa-dièse en sol ;
Voilà comme chante,
   Enchante, *(bis.)*
Maint fat dont on vante
La voix de rossignol.

Parler par saccade,
Faire avec vigueur
Ronfler la tirade
Et le spectateur ;
C'est l'art que professe
           Sans cesse (*bis.*)
Dans plus d'une pièce
Plus d'un célèbre acteur.

Enterrer son homme,
Toucher son argent ;
Le soir, rire comme
S'il était vivant ;
Voilà la méthode
           Commode (*bis.*)
Qu'a mise à la mode
Maint docteur fort savant.

En mauvaise prose
Défendre un méchant,
Et gagner sa cause...
On sait bien comment ;
Voilà le commerce
           Qu'exerce (*bis.*)
Dans la controverse
Plus d'un esprit normand.

Sur sa joue empreinte
Garder deux soufflets,
Et porter sa plainte
Au juge de paix ;
Voilà le courage
           Fort sage (*bis.*)

De maint personnage
Prôné pour ses hauts faits.

Vivre d'espérance,
Tromper le chagrin :
Rêver l'opulence,
Et mourir de faim ;
Joueurs, que la veine
       Entraîne, (*bis*)
Voilà votre peine
Et votre juste fin.

Si cet opuscule
Sent un peu l'aigreur,
Lève ta férule
Et frappe, censeur ;
Puisque c'est l'usage,
       Courage ! (*bis*)
Déchire l'ouvrage,
Mais épargne l'auteur.

CHANSON BACHIQUE.

Air : *Frère Pierre à la cuisine.*

Le plaisir à cette table
Attend de joyeux refrains
Sur la liqueur délectable
Où nous noyons les chagrins :
    Au projet,
    A l'objet

Chacun ici doit sourire,
Puisqu'ici chacun peut dire :
« Je suis plein de mon sujet. »

Chers amis, au bruit du verre,
Chassons la triste raison,
Convive un peu trop sévère
Pour l'ivresse et la chanson;
      Fruit charmant
      Du moment,
Et dont pour charmer l'oreille,
Les glouglous de la bouteille
Font tout l'accompagnement !

Ces chansonniers, dont l'ivresse
Fertilisait le cerveau,
Chassaient jusqu'à la paresse
Au nom d'amis du Caveau.
      Maint couplet
      Guilleret,
Fait sans fatiguer la veine,
Leur montrait dans l'Hippocrène
L'emblème du cabaret.

Ardent à la picorée,
L'oiseau, hâtant son réveil,
Fond sur la grappe dorée
Par les rayons du soleil :
      L'œil mutin,
      Le lutin,
Abreuvé sur le treillage,
Va chanter sous le feuillage
Son ivresse et son butin.

Si le coursier de Silène
Quitte les chardons pour lui,
Sous sa pesante bedaine
S'il voyage sans ennui,
C'est qu'il croit,
C'est qu'il voit
Qu'en remuant bien sa croupe,
Du tremblant vieillard la coupe
En répand plus qu'il n'en boit.

Quand Bacchus, las d'Érigone,
Reprend son thyrse à sa main,
Et qu'il montre sur la tonne
Les plaisirs du genre humain,
Sa soif croit
Dès qu'il voit
Cent Ménades, cent bacchantes
Tour à tour impatientes
De fournir aux coups qu'il boit.

Comment crut-on pour Tantale
Créer le plus grand des maux
Dans cette soif sans égale
Qu'il conserve au sein des eaux ?
Les destins
Que je plains,
Ce sont ceux des Danaïdes ;
De remplir des tonneaux vides
Sans jamais boire de vins.

Si certain fou dans l'Attique,
Tout le jour lanterne en main,
Crut par son humeur caustique

Éclairer le genre humain,
Vin nouveau,
Bu sans eau,
Le soir montrait sa folie ;
Car pour mieux sentir la lie
Il couchait dans un tonneau.

L'ambroisie est l'assemblage
Des vins les plus précieux,
Dont l'extrait forme un breuvage,
Le seul dont boivent les dieux.
Jus divin,
C'est en vain
Qu'on te cite avec emphase,
Ici quand le goût se blase
Nous pouvons changer de vin.

LES HOMMES ENFANTS.

Air : *De tous les Capucins du monde.*

On l'a dit, et je le répète :
L'homme est toujours à la bavette.
Mille puérils passe-temps
Ne quittent jamais son idée.
On a des hochets en tout temps ;
A tout âge on a sa poupée.

Médor toujours à sa toilette,
Pour ses habits seuls s'inquiète :
De se voir et faire voir
Il a toujours l'âme occupée ;
Son hochet est dans son miroir,
Et sa figure est sa poupée.

Harpagon sans cesse calcule
Ce que par mois il accumule ;
Gagner est l'unique souhait
Dont sa cervelle soit frappée.
Le beau métal est son hochet ;
Sa bourse lui sert de poupée.

Cesarion n'a dans la tête
Que bataille, exploits et conquête.
Cet illustre et vaillant guerrier
Brave le salpêtre et l'épée.
Son hochet est dans le laurier ;
La gloire devient sa poupée.

Gourmandin, fameux parasite,
Aux bonnes tables rend visite.
Son cœur, grand ami du buffet,
Ne cherche que franche lippée.
Le verre lui sert de hochet,
Et la bouteille est sa poupée.

Mons *Muguet* souvent se mire,
Grimace, minaude, s'admire ;
Tous ses soins sont pour son toupet,
Et sa perruque retapée.
Sa tabatière est son hochet ;
Sa tête lui sert de poupée.

LE DINER D'ÉTIQUETTE.

Air : *Eh ! gai, gai, gai, mon officier.*

Eh ! gai, gai, gai, qu'ils sont joyeux
    Les diners d'étiquette !
Eh ! gai, gai, gai, pas de goguette
    Où l'on s'amuse mieux.

Lundi, Mondor m'invite ;
    Il faut l'habit de cour,
    Et je dépense vite
    Mon trimestre en un jour.
Eh ! gai, gai, gai, etc.

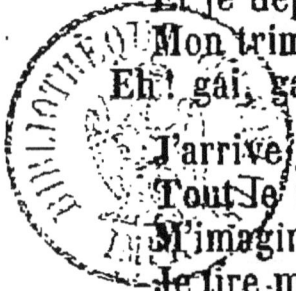

J'arrive juste à l'heure ;
    Tout le monde est en noir :
    M'imaginant qu'on pleure,
    Je tire mon mouchoir.
Eh ! gai, gai, gai, etc.

5

Tous ont la langue morte,
Le maintien composé...
Personne, sous la porte,
N'est pourtant exposé.
Eh ! gai, gai, gai, etc.

Arrive un gros notaire,
Puis un maigre avocat,
Puis un court commissaire,
Puis un long magistrat.
Eh ! gai, gai, gai, etc.

L'un, dans une embrasure,
Pour me désennuyer,
Me lit la procédure
De Michel et Reynier.
Eh ! gai, gai, gai, etc.

L'autre prend la gazette,
Et, politique fin,
Me parle de la Diète,
Lorsque je meurs de faim.
Eh ! gai, gai, gai, etc.

Enfin paraît l'Olive...
On ne sait s'il dira
Que le potage arrive,
Ou que le mort s'en va.
Eh ! gai, gai, gai, etc.

Ivresse délectable !
Tous, d'un air solennel,
S'avancent vers la table,
Comme on marche à l'autel.
Eh ! gai, gai, gai, etc.

À sa tristesse étrange,
On croirait quelquefois
Que chaque invité mange
Pour la dernière fois.
Eh ! gai, gai, gai, etc.

Au plat qu'on me présente
A peine j'ai goûté,
Que, trompant mon attente,
Il fuit escamoté.
Eh ! gai, gai, gai, etc.

Soudain l'hôte se lève,
Et qu'on ait soif ou faim,
Défense qu'on achève
Son biscuit ni son vin.
Eh ! gai, gai, gai, etc.

Le café pris pour rire,
A quel jeu joûra-t-on ?
L'ivresse et le délire
Réclament un boston.
Eh ! gai, gai, gai, etc.

Mais bientôt je m'oublie...
Et vole transporté
De folie en folie
Jusques à l'écarté.
Eh ! gai, gai, gai, etc.

Pour prolonger l'orgie,
En joueur enchanté,
Le verre d'eau rougie
Entretient la gaîté.
Eh ! gai, gai, gai, etc.

Dévalisé d'emblée,
Je prends en enrageant,
Congé de l'assemblée,
Congé de mon argent.
Et ! gai, gai, gai, etc.

Surpris par une averse,
Sans un denier comptant,
Tandis que l'eau me perce,
Je chante en barbottant :
Et ! gai, gai, gai, qu'ils sont joyeux
Les dîners d'étiquette !
Et ! gai, gai, gai, pas de goguette
Où l'on s'amuse mieux.

―――――

LA FABLE.

Air : *Aussitôt que la lumière.*

On dit souvent que la Fable
N'est qu'erreur et fausseté ;
Mais moi, je crois véritable
Tout ce qu'elle a débité.
J'en croirais bien davantage,
Lorsque je vois tant de sots
Faire un plus vil personnage,
Que celui des animaux.

Une grenouille sans tête,
Pour égaler le Taureau,

S'enfle tant, la pauvre bête,
Qu'elle en perd enfin la peau.
J'en croirais bien davantage,
Lorsque je vois un manant
Fripper tout son héritage,
Pour vouloir trancher du grand.

Qu'aveuglé par la nature,
Un Hibou de ses petits
Ait fait une miniature ;
Ce trait ne m'a point surpris,
J'en croirais bien davantage,
Quand je vois que de ses fils
Un père traçant l'image,
Fait d'Ésope un Adonis,

Ne marchez pas en arrière,
Dit l'Écrevisse à son fils ;
C'est fort bien ; mais la commère
Recule en donnant l'avis.
J'en croirais bien davantage,
Quand je vois certains Catons,
Par leur conduite peu sage,
Démentir leurs beaux sermons.

Un Geai rempli d'arrogance,
Ose pour tromper les gens,
Paraître, avec impudence,
Paré des plumes des Paons.
J'en croirais bien davantage,
Quand je vois un orateur
Se faire honneur d'un ouvrage,
Dont il n'est que l'acheteur.

L'Univers est en attente :
On va voir naître un état.
Non ; la montagne n'enfante,
Qu'un chétif et mince Rat.
J'en croirais bien davantage ;
Lorsque je vois un savant
Promettre un superbe ouvrage,
Et ne donner que du vent.

On nous dit que la Folie
A l'Amour creva les yeux,
Et qu'elle fut asservie
A le guider en tous lieux.
J'en croirais bien davantage ;
Quand je vois que chaque jour,
La folie est le partage
De quiconque suit l'amour.

LA HALLE.

Air : *du vaudeville de* Jean Monnet, *ou* Frère Jean,
à la cuisine.

Je sais qu'au seul mot de halle
Nos aimables du bon ton
Vont tous crier au scandale...
Je ris du qu'en dira-t-on ;
    Et guidé,
    Secondé,

Par mon sujet qui m'inspire.
Je n'ai qu'un mot à leur dire :
La halle inspira Vadé.

Si Lucullus, qu'on dit être
Des Romains le plus gourmand,
Jadis avais pu connaître
Ce superbe monument,
     Chers amis,
     Je prédis
Qu'il eût troqué, ce brave homme,
Le Capitole de Rome
Pour la halle de Paris.

Bœuf, lapin, canard sauvage,
Maquereau, macaroni,
Saucisson, merlan, fromage,
Tout s'y trouve réuni ;
     Et le né,
     Étonné
Du parfum qui s'en exhale,
En s'éloignant de la halle,
Croit avoir dix fois diné.

Si par un nouveau déluge
Le monde était submergé,
Permets, ô souverain juge,
Que ce lieu soit protégé :
     Tu prétends
     Des méchants
Punir la race infernale ;
Mais le quartier de la Halle
Est celui des *Innocents.*

Voyez l'anguille vivante
Frétiller dans ce baquet ;
Quelle chère succulente
Elle promet au gourmet ;
   Traiter l'eau
   De fléau
Est une erreur des plus sottes ;
Aurions-nous des matelottes,
Si nous n'avions pas de l'eau.

Bref, viande fraîche ou salée,
OEufs, lard, pois, pain, vin, choux-fleurs,
Tout se prend dans la mêlée ;
Et chacun des acheteurs,
   Du repas
   A grands pas
Sentant que l'instant approche,
Court, l'un son veau dans sa poche,
L'autre son bœuf sous le bras.

Fourneaux, pétillez bien vite ;
Rôtisseurs, chauffez vos fours ;
Dressez-vous, chaudron, marmite ;
Et toi, broche, mes amours,
   Viens du cours
   De mes jours
Nourrir la gaîté féconde ;
Et tourne comme ce monde,
Qui, dit-on, tourne toujours.

COUPLETS CONTRE UNE VIEILLE.

Air à faire.

Quoi ! vous vous mariez, douce et tendre mignonne,
    Et ne l'avez encore été !
Je ne vois rien pourtant dessus votre personne
    Qu'on puisse aimer, en vérité.

Pour de l'âge, on sait bien que vous n'en manquez
    Votre visage en est garant,   [guère,
Et vos yeux font encor tout ce qu'ils ont su faire...
    Oui, sous Napoléon-le-Grand.

Celui qui vous épouse, en témoignant sa flamme,
    N'établit pas mal son renom,
Qui s'est bien pu résoudre à vous prendre pour femme
    Ira bien aux coups de canon.

Qui se lie avec vous espère un prompt veuvage,
    Et sans doute ce pauvre amant
Prétend que le contrat de votre mariage
    Passe pour votre testament.

Il est vrai qu'en effet c'est un fort honnête homme,
    Pour qui j'aurais quelque amitié.
Mais hélas ! je ne sais ce que devient un homme
    Dont vous devenez la moitié.

Souffrez ce petit mot, sans traiter de satire
    Un style si franc et si doux ;
Vous êtes en un point où l'on ne peut médire,
    Quelque mal qu'on dise de vous.

L'INDIFFÉRENCE.

ROMANCE IMITÉE DE MÉTASTASE.

Un jour heureux pour moi commence à luire.
De mes liens je me sens dégagé.
Ta perfidie a détruit mon délire.
Tu l'as voulu, Laurette, et j'ai changé.
Non, du dépit ce n'est point le langage ;
Pour cette fois mon cœur m'est bien connu ;
J'entends ton nom sans changer de visage :
Je te revois, et n'en suis point ému.

Que dans tes yeux se peigne le sourire,
Ou que ta voix me parle avec aigreur,
C'est même sort ; ta bouche est sans empire
Sur mon oreille, et tes traits sur mon cœur.
Si je suis gai, ce n'est plus ton ouvrage ;
Suis-je chagrin, ma tristesse est à moi.
Sans toi j'admire un beau jour sans nuage :
Un sombre jour m'ennuîrait près de toi.

Juge en deux mots si mon âme constante
Cache un détour dans ces derniers adieux.
Je trouve encor que Laurette est charmante ;

Mais ce n'est plus qu'une belle à mes yeux.
Même, en vantant ta figure jolie,
J'y vois (pardonne à ma sincérité)
Des agréments que doublait ma folie,
Et des défauts que j'appelais beauté.

Tout bas tu dis : « Sans doute encor il m'aime,
« Trop fréquemment il dit qu'il n'aime plus. »
Non, c'est l'instinct de la nature même
Qui fait parler des dangers qu'on a vus.
Par le guerrier, au sortir de la lice,
Avec transport ses périls sont contés,
Et le mortel qu'opprima l'injustice
Aime à montrer les fers qu'il a portés.

J'en parle donc ; mais c'est sans nulle envie.
Eh ! que m'importe au fond si tu me croi,
Si ce discours te plaît, te contrarie,
Tranquillement si tu parles de moi ?
Je perds un cœur, toi seule un cœur sincère ;
Qui de nous deux doit sentir du tourment ?
Je puis trouver amie aussi légère,
Jamais Laurette un ami si constant.

LE POETE VOLÉ.

CHANSON.

Mes amis, on prétend à tort
Qu'un poëte n'est pas volable,
Aujourd'hui de ce triste sort
Je suis l'exemple déplorable.
Rien n'est plus vrai : Bias nouveau,

N'ayant rien pour être plus leste,
Je puis répéter, *in petto*,
Mon *omnia mecum porto*...
C'est une douceur qui me reste.

Comme on avait sans doute appris
Mon peu de goût pour la parure,
Habits, linge, l'on m'a tout pris,
Malgré cadenas et serrure.
De mon mobilier peu content,
On a saisi d'une main preste
Trente-six francs d'argent comptant...
Ce qui me console pourtant,
C'est qu'on ne prendra pas le reste.

J'en voudrais presque au garnement
Qui, sans pitié pour mes alarmes,
Ne m'a pas laissé seulement
Un mouchoir pour sécher mes larmes;
Mais il respecta mes écrits,
En voleur discret et modeste.
Venez, innocents manuscrits,
Petits vers, avortons chéris !
Tenez-moi lieu de tout le reste.

Prenons notre parti gaîment ;
N'ai-je pas des grâces à rendre ?
On m'a laissé fort galamment...
Tout ce qu'on n'a pas pu me prendre.
Après tout, si je suis volé,
J'ai pour braver mon sort funeste,
Avec un cœur tout consolé,
Ma bonne humeur, ma fille Églé ;
Cela vaut mieux que tout le reste.

L'EAU VA TOUJOURS A LA RIVIÈRE.

Air : *J'étais bon chasseur autrefois.*

Amis, il est un fait certain
Que ne doit ignorer personne ;
La Moselle s'unit au Rhin,
Et la Dordogne à la Garonne ;
L'Oise dans la Seine se rend,
Dans le Rhône se rend l'Isère,
Et bien ou mal, voilà comment
L'eau va toujours à la rivière.

Armateur, jadis porteur d'eau,
Mondor, qui se nommait Antoine,
Achète, équipe maint vaisseau ;
L'Océan est son patrimoine :
Humble autrefois, fier aujourd'hui,
Au Pactole il se désaltère,
Et les faveurs pleuvent sur lui :
L'eau va toujours à la rivière.

L'ami Vigier, tous les matins,
Chez lui voit accourir la foule ;
Et tant qu'il coulera des bains,
Nous ne craignons pas qu'il se coule.
Vigier roule et nage dans l'or,
Sa fortune est liquide et claire,
Et chaque été la double encor :
L'eau va toujours à la rivière.

Un Jean-Baptiste, vigneron,
Ayant adopté pour système
D'imiter en tout son patron,
Honorait son vin du baptême,

Un jour la Seine débordant
Vient inonder sa cave entière.
Il devait prévoir l'accident :
L'eau va toujours à la rivière.

Je voulais boire ce matin
A la source de l'Hippocrène ;
Vous m'avez coupé le chemin,
Et je reviens tout hors d'haleine.
Chaque mois vous m'opposerez
Cette insurmontable barrière ;
Plus vous buvez, plus vous boirez ;
L'eau va toujours à la rivière.

JEAN QUI PLEURE ET JEAN QUI RIT.

Air : *du vaudeville* du Rémouleur et la Meunière.

Il est deux Jean dans ce bas monde
Différents d'humeur et de goût ;
L'un toujours pleure, fronde, gronde,
L'autre rit partout et de tout.
Or, mes amis, en moins d'une heure,
Pour peu que l'on ait de l'esprit,
On conçoit bien que Jean qui pleure
N'est pas si gai que Jean qui rit.

Aux Français une tragédie
A-t-elle éprouvé quelque échec,
Vite, d'une autre elle est suivie :
Le public la voit d'un œil sec ;

L'auteur en vain la croit meilleure ;
On siffle... son rêve finit...
Dans la coulisse est Jean qui pleure,
Dans le parterre est Jean qui rit.

Jean-Jacques gronde et se démène
Contre les hommes et leurs mœurs ;
La gaité de Jean La Fontaine
Épure et pénètre les cœurs ;
L'un avec ses grands mots nous leurre ;
De l'autre un rat nous convertit :
Nargue, morbleu, du Jean qui pleure !
Vive à jamais le Jean qui rit !

Jean porteur d'eau de la Courtille,
Un soir se noya de chagrin ;
Un autre Jean, jeune et bon drille,
Tomba mort ivre un beau matin,
Et sur leur funèbre demeure
On grava, dit-on, cet écrit :
« Le ciel fit l'eau pour Jean qui pleure,
Et fit le vin pour Jean qui rit. »

Auprès d'un vieux millionnaire
Qui va dicter son testament,
Le Jean qui rit est en arrière,
Le Jean qui pleure est en avant,
Jusqu'à ce que le vieillard meure
Il reste au chevet de son lit ;
Est-il mort, adieu Jean qui pleure ;
On ne voit plus que Jean qui rit.

Professeurs dans l'art de bien vivre,
Dispensateurs de la santé,
Vous que ne cessent pas de suivre
Et l'appétit et la gaîté,
Ma chanson est inférieure
A tout ce qu'on a déjà dit,
Et je vais être Jean qui pleure
Si vous n'êtes pas Jean qui rit.

_____

CHANSON CONTRE UNE LAIDE.

Air : *Quoi vous vous mariez.*

Vous n'êtes pas trop laide, et nature un peu chiche,
  Vous a traitée honnêtement ;
Mais avec tout cela, si vous n'étiez pas riche,
  Où trouveriez-vous un amant ?

Votre bouche en riant fait que mon nez réchigne
  Du noir désordre de vos dents,
Sans que je leur impute une vapeur maligne
  Qui vient peut-être du dedans.

Parmi vos agréments nature désavoue
  De vos traits la fraîche splendeur,
Et ce rouge d'emprunt qui dessus votre joue
  Fait l'office de la pudeur.

Ce sera pour vos biens si l'on vous importune :
  Et si quelqu'un vous aime un jour,
Afin de le blesser, il faut que la Fortune
  Dérobe des traits à l'Amour.

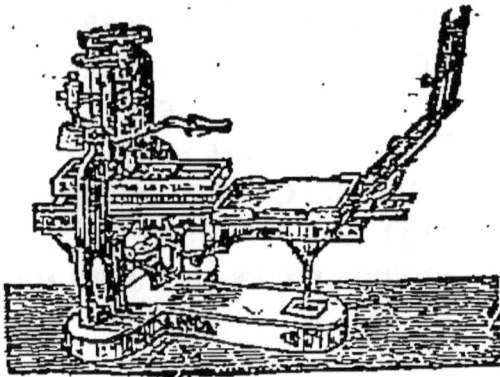

MON ALMANACH.

Air : *Suzon sortait de son village.*

La presse n'y peut plus suffire.
Chez nous j'entends, à chaque pas,
Colporteurs, libraires, me dire :
Ah ! prenez de mes Almanachs.
    Recueils galants,
    Recueils chantants,
    Recueils naissants,
Recueils de soixante ans ;
    Les Ménestrels,
    Les Immortels,
Jusqu'à Bobêche et messieurs tels et tels,
Chacun adopte ce système.
Quand à moi sans me mettre en frais,
Au lieu d'en acheter, je fais
    Mon Almanach moi-même.

C

Comme mes confrères, je compte.
Faire la pluie et le beau temps ;
Et, sans risquer aucun mécompte,
Hardiment je prédis aux gens,
Neiges, verglas,
Glaces, frimats,
Quand l'Athénée ouvrira ses états ;
Brillant soleil,
Jour sans pareil,
Quand du bon goût on verra le réveil.
Dans le pays de l'hyménée,
Temps nébuleux, brouillard trompeur,
Et chez nous, grâce à maint auteur,
Grand vent toute l'année.

Vers le ciel braquez vos lunettes,
Docteurs ; pour moi, qui n'y vois rien,
Des conjonctions des planètes
Je ne parle ni mal ni bien.
La lune peut,
Comme elle veut,
De son premier,
A son dernier
Quartier,
Toujours passer :
Sans l'annoncer,
Je consens même à la voir s'éclipser ;
Mais, sans des calculs bien pénibles,
Au lecteur j'annonce en tout temps
Beaucoup d'éclipses de bon sens,
A Paris très visibles.

Enfin par excès de science,
Plus d'un Almanach très malin
Des jours indique la croissance,
Et fait suivre aussi leur déclin.
Ah ! d'un tel soin
Qu'est-il besoin ?
Chacun de nous peut, sans chercher bien loin,
Les mesurer
Et s'assurer
Si le temps vole, ou s'il doit lui durer.
Epoux, qu'un même toit rassemble,
Vous trouvez longs les nuits, les jours :
Les jours les plus longs sont trop courts
Quand nous buvons ensemble.

———

RUPTURE.

Air : *Femmes, voulez-vous éprouver.*

Puisque votre superbe cœur
Ne veut plus de tous mes services,
Et que ma patiente humeur
Se rebute de vos caprices,
Que vous êtes lasse de moi,
Que je veux reprendre ma foi,
Et vous reprendre aussi la vôtre ;
Débarrassés de tant de nœuds,
Disons-nous adieu l'un à l'autre,
Et là-dessus rompons tous deux.

Au reste, j'appréhende peu
Qu'on m'accuse d'ingratitude.
Si vous obligeâtes mon feu,
Vous payâtes ma servitude.
J'eus part à votre affection
Par ma sotte soumission,
Et par un tourment incroyable.
Mais n'a-t-on pas trop acheté
Le plaisir le plus délectable,
Quand il coûte une lâcheté.

Ne croyez pas que mon courroux
Affecte une fausse victoire,
Ni que, pour me venger de vous,
Je fasse brèche à votre gloire.
Vous devez en toute façon,
Comme vous l'êtes du soupçon,
Être libre de toute crainte,
Je ne pourrais sans lâcheté
A votre honneur porter atteinte
Pour cause d'infidélité.

Non, non, quoique je veuille agir
Contre vous, et pour vous déplaire,
Je ne puis vous faire rougir
Que de votre humeur trop légère.
Aussi n'entreprendrai-je pas
De ternir ici vos appas
Par une plainte mal formée :
Seulement je veux vous blâmer
De souffrir d'être bien aimée
Et de ne savoir pas aimer.

On aurait tort de nous blâmer,
Chacun suivant ce qu'il veut suivre;
Sans nous voir, et sans nous aimer,
Nous n'avons pas laissé de vivre :
Et comme il m'importe bien peu,
Après avoir éteint mon feu,
Qu'avec vous tout le monde en rie,
Souffrez dans le temps que je perds,
Que j'en fasse une raillerie
Après en avoir fait des vers.

LA CONSOLATION.

Air connu.

De qui me plaindrai-je en ce jour,
Ou de la Mort ou de l'Amour,
Qui tous deux traversent ma vie,
Si les astres infortunés
Veulent qu'au trépas de Silvie
Tous mes maux ne soient pas bornés ?

Mort aux plaisirs, vif aux douleurs,
Je croyais dans l'eau de mes pleurs
Éteindre ma vie et ma flamme,
Quand la beauté qui m'asservit
D'un regard me rendit mon âme,
Et de l'autre me la ravit.

6.

Je crus que perdant son flambeau
Mon cœur, amoureux du tombeau,
N'aurait des feux que de la cendre.
Et que cette noire maison
Où la Parque la fit descendre,
Serait mon unique prison.

Un trait de feu m'ouvrant le sein
Changea mon fidèle dessein :
Ma raison se trouva ravie.
Il fut surpris de sa clarté,
Et contraint, pour sauver ma vie,
D'abandonner ma liberté.

LE SAVETIER HEUREUX.

Air connu.

Ce savetier matineux,
Quoiqu'au bord de la disette,
Ne se croit pas malheureux,
Il est époux de Lisette.

S'il travaille nuit et jour,
Son âme en est satisfaite
Quand il songe, plein d'amour,
Qu'il travaille pour Lisette.

Son habit déguenillé
Nullement ne l'inquiète :

Quoiqu'il soit mal habillé
Il est aimé de Lisette.

Son ordinaire est petit ;
Mais il fait chère parfaite,
Car il a bon appétit
Et mange avec sa Lisette.

AB HIC ET AB HOC.

Air à faire.

Moi qu'une amitié véridique
Lie à toi d'un nœud sympathique,
Comme à son chien l'était Saint Roch,
Ayant tiré de ma boutique
Une dose soporifique
De vers pilés et mis en bloc,
Pour réjouir ta face antique,
Sur la monture poétique
J'allais grimper au sacré roc.

Mais un postillon diabolique,
Ennuyé de ma rime en ique,
Me fait pendre mes vers au croc.
Et rengaîner ma rhétorique.
Puisses-tu, sous un toit gothique,
De ton canton toujours le coq,
Au milieu d'un festin bachique,
Assis à la table rustique,
Sabler le vin de Languedoc.

LA REINE BLANCHE.

Air : *Quand vous entendrez le doux zéphir.*

Las ! si j'avais pouvoir d'oublier
Sa beauté, son bien dire,
Et son très doux regarder,
Finirais mon martyre.
Mais las ! mon cœur je n'en puis ôter ;
Et grand affolage
M'est d'espérer.
Mais tel servage
Donne courage
A tout endurer.
Et puis comment oublier
Sa beauté, son bien dire,
Et son très doux regarder ?
Mieux aime mon martyre.

TABLE

AMÉDÉE CHAILLOT, Imprimeur-Libraire-Éditeur,
à Avignon.

www.ingramcontent.com/pod-product-compliance
Lightning Source LLC
Chambersburg PA
CBHW051733090426
42738CB00010B/2232